全世界无产者，联合起来！

纪念列宁诞辰150周年

列宁著作特辑

列　宁

# 国家与革命

中共中央　马克思　恩格斯　著作编译局编译
　　　　　　列　宁　斯大林

人民出版社

# 出 版 说 明

2020 年 4 月 22 日,是列宁诞辰 150 周年。

列宁是伟大的无产阶级革命家。他创造性地运用马克思主义理论,在俄国建立了新型的无产阶级政党,领导广大人民群众夺取了十月社会主义革命的胜利,创建了世界上第一个社会主义国家。这场伟大的革命实现了一次历史性飞跃,使社会主义从理论变成了现实,从而开创了人类历史的新纪元。苏维埃政权建立后,列宁对社会主义建设道路进行了卓有成效的探索,为世界社会主义运动的发展作出了划时代的贡献。

列宁是杰出的无产阶级思想家。他把马克思主义理论精髓与其所面临新形势下的实际情况相结合,深入探究和揭示资本主义发展到帝国主义阶段的内在规律,全面总结和提炼无产阶级革命和社会主义建设的经验,根据新的时代特征和新的实践需要,提出新的战略思想和新的理论观点,丰富和发展了马克思主义的基本原理,把马克思、恩格斯创立的科学理论体系推进到列宁主义阶段。在长期的革命斗争实践中,列宁也十分关注中华民族的前途和命运。他的思想理论是中国共产党和中国人民为实现中华民族伟大复兴而奋斗的光辉指针。

为了纪念这位伟大的革命导师,推进马克思主义中国化、时代化、大众化事业,我们精选了列宁几部具有代表性的重要著作,编成《列宁著作特辑》,奉献给广大读者。

《列宁著作特辑》共四种,包含三部著作的单行本,即《帝国主义是资本主义的最高阶段》、《国家与革命》和《唯物主义和经验批判主义》及一部专题选编本《列宁论新经济政策》。这些著作的译文以及相关资料和编者引言,均采自我社最新出版的《马列主义经典作家文库》。

人民出版社

二〇二〇年三月

# 目 录

## 插　　图

# 编 者 引 言

　　《国家与革命》是列宁系统阐述马克思主义国家学说、无产阶级革命和无产阶级专政理论的重要著作。这部著作捍卫和发展了历史唯物主义和科学社会主义的基本理论。

　　19世纪末20世纪初,资本主义在世界范围内进入了帝国主义阶段,资本主义所固有的各种矛盾进一步加深和激化,最终导致了1914年第一次世界大战的爆发。战争严重破坏了各国经济,给人民带来了深重灾难。战时空前加重的压迫和剥削迫使无产阶级和劳动群众奋起斗争。一些欧洲国家出现了无产阶级革命的有利形势。革命的根本问题是国家政权问题。无产阶级革命对国家的态度问题不仅在理论上而且在政治实践上都具有特别重大的意义。为了捍卫和阐发马克思主义的国家学说,批判机会主义者和无政府主义者的歪曲,列宁从1916年秋天起就潜心研究国家问题,在苏黎世研读了马克思和恩格斯有关国家问题的大量文献,同时也翻阅了考茨基、伯恩施坦等人的著作,在 1917 年 1—2 月间作了《马克思主义论国家》的笔记,准备写一篇关于马克思主义对国家态度问题的论文。

1917 年 3 月,俄国无产阶级和劳动群众推翻了沙皇政府,国内形成了两个政权并存的局面。一个是资产阶级临时政府,一个是彼得格勒工兵代表苏维埃。前者是资产阶级的政权,后者是还处于萌芽状态的工农政权。列宁领导的布尔什维克党提出"全部政权归苏维埃"的口号,积极争取群众,为和平地实现向社会主义革命的转变而斗争。1917 年 7 月,资产阶级临时政府发动七月事变,篡夺革命果实,布尔什维克党被迫转入地下斗争。武装夺取政权的问题提上了布尔什维克党的革命日程。当时正像列宁在序言中所说:"无产阶级社会主义革命对国家的态度问题不仅具有政治实践的意义,而且具有最迫切的意义,这个问题是要向群众说明,为了使自己从资本的枷锁下解放出来,他们在最近的将来应当做些什么。"(见本书第 4 页)列宁在匿居俄国和芬兰边界的拉兹利夫湖畔期间开始撰写《国家与革命》。

在这部著作中,列宁根据马克思和恩格斯的国家学说和无产阶级专政理论,阐明了国家的起源和本质、国家的基本特征和职能、国家消亡与暴力革命的关系。他指出:"国家是阶级矛盾**不可调和**的产物和表现";"国家是阶级**统治**的机关,是一个阶级**压迫**另一个阶级的机关","国家是剥削被压迫阶级的工具"(见本书第 8、12 页)。"无产阶级国家代替资产阶级国家,非通过暴力革命不可。无产阶级国家的消灭,即任何国家的消灭,只能通过'自行消亡'。"(见本书第 22—23 页)列宁在阐发马克思主义国家观的同时,批判了俄国社会革命党人和孟什维克把国家看做阶级调和机关,以为有了普选权,资产阶级国家就能体现大多数劳动者意志等错误观点。

无产阶级专政理论是马克思主义国家学说的核心,列宁详尽地阐发了马克思和恩格斯关于无产阶级国家政权即无产阶级专政的思想。列宁指出:无产阶级专政是无产阶级在历史上的革命作用的最高表现;无产阶级需要国家政权、中央集权的强力组织,既是为了镇压剥削者的反抗,也是为了组织一切被剥削劳动群众建立新的经济制度,引导他们走向社会主义。列宁还科学地预言了无产阶级专政的多种形式:"从资本主义向共产主义过渡,当然不能不产生非常丰富和多样的政治形式,但本质必然是一样的:都是**无产阶级专政**。"(见本书第 36 页)列宁针对机会主义和修正主义对马克思主义国家学说和无产阶级专政理论的歪曲,强调指出:"只有承认阶级斗争、**同时也**承认**无产阶级专政**的人,才是马克思主义者。""只有懂得**一个**阶级的专政不仅对一般阶级社会是必要的,不仅对推翻了资产阶级的**无产阶级**是必要的,而且对介于资本主义和'无阶级社会'即共产主义之间的整整一个**历史时期**都是必要的,——只有懂得这一点的人,才算掌握了马克思国家学说的实质。"(见本书第 35、36 页)

列宁还论述了无产阶级专政和民主的关系,揭示了无产阶级民主和资产阶级民主的本质区别,阐明了国家消亡的社会经济基础,指出只有到了共产主义社会的高级阶段国家才会消亡,而在资本主义向共产主义的过渡时期必须保持国家,这个时期的国家只能是无产阶级的革命专政。

列宁系统阐发了马克思在《哥达纲领批判》中提出的关于共产主义社会分为第一阶段和高级阶段的学说,论述了这两个阶段的基本特征,指明它们是共产主义在经济上成熟程度不同的两个阶段,并把马克思所说的"共产主义社会第一阶段"或低级阶段称为社会主义。列宁指出,在共产主义社会第一阶段在消费品分配上只能实行"按劳分配"的原则,因而存在着形式上的平等和事实上的不平等,要从形式上的平等即"按劳动"分配进到事实上的平等即"各尽所能,按需分配",究竟需要经过哪些阶段和通过哪些实际措施,我们不可能预先知道,这个问题只能通过实践来回答。列宁批判了"把社会主义看成一种僵死的、凝固的、一成不变的东西"的错误观点,指出:"实际上,**只是**从社会主义实现时起,社会生活和个人生活的各个领域才会开始出现迅速的、真正的、确实是群众性的即有**大多数**居民参加然后有全体居民参加的前进运动。"(见本书第 102 页)

本书分为 6 章。列宁原计划写 7 章,但第 7 章《1905 年和 1917 年俄国革命的经验》和《结束语》仅仅拟了提纲,因忙于直接领导十月革命而没有写成。列宁曾写信告诉出版者,如果第 7 章完稿太晚,或者分量过大,那就有必要把前 6 章单独出版,作为第一分册。本书最初就是作为第一分册于 1918 年初在彼得格勒出版的。在此以前,1917 年 12 月 17 日(30 日),《真理报》发表了序言和第 1 章的头两节。1919 年本书再版时,列宁在第 2 章中加了《1852 年马克思对问题的提法》一节。

1921 年 5 月 7 日,上海出版的《共产党》月刊第 1 卷第 4 期上刊载了署名"P 生"(即沈雁冰)节译的《国家与革命》(第 1 章的头两节)。1923 年 10 月 25 日,李春蕃(即柯柏年)在上海《民国日报》副刊《觉悟》上以《共产主义与社会底进化》为题发表了该著作的第 5 章第 2、3 节和第 4 节的一部分译文。1927 年,李春蕃译完全书,从 1 月 5 日起连载于汕头的《岭东民国日报》副刊《革命》;同年,浦江书店刊印该书全译本,书名改为《国家论》,这是第一个中文全译本。1932 年 5 月,中共苏区中央局宣传部也翻译过该书的第 2 章第 3 节、第 5 章第 2 节,标题分别是《马克思论阶级斗争与无产阶级专政》《马克思论从资本主义到共产主义的过渡》。此后,还先后出版过"莫师古"版(1938 年)、"博古"版(1943 年)、"苍木"(即陈昌浩)版(1947 年)、"马思果"版(1949 年)、"唯真"版(1949 年)等版本。

新中国成立后,人民出版社多次出版中央编译局校译的《国家与革命》单行本。这部著作还被收入《列宁全集》第 1 版第 25 卷和第 2 版第 31 卷,《列宁选集》第 1、2、3 版第 3 卷和《列宁选集》第 3 版修订版第 3 卷,《列宁专题文集》中的《论马克思主义》卷。

本书附录收载了列宁《论国家》一文。这篇文章是列宁继写作《国家与革命》两年后即 1919 年 7 月 11 日在斯维尔德洛夫大学讲演的记录,最初由苏联列宁研究院于 1929 年 1 月 18 日发表于《真理报》。列宁在这篇讲演中提出研究国家问题的科学方法,运用马克思主义的方法对国家的产生和发展情况作了历史的考察。列宁对奴隶制国家、封建制国家和资本主义国家作了分析,说明了一种国家类型过渡到另一种国家类型的规律,从生产方式和社会阶级结构的变化解释了过渡的原因;批判了第二国际领袖的机会主义论点,阐明了共产党人对国家的态度。这篇文章对于理解《国家与革命》这部著作的精髓具有重要意义。

本书采用《列宁选集》第 3 版修订版的译文。

# 列　宁

# 国家与革命

马克思主义关于国家的学说与
无产阶级在革命中的任务

（1917 年 8—9 月）

# 第一版序言

国家问题,现在无论在理论方面或在政治实践方面,都具有特别重大的意义。帝国主义战争大大加速和加剧了垄断资本主义变为国家垄断资本主义的过程。国家同势力极大的资本家同盟日益密切地融合在一起,它对劳动群众的骇人听闻的压迫愈来愈骇人听闻了。各先进国家(我们指的是它们的"后方")变成了工人的军事苦役监狱。

旷日持久的战争造成的空前惨祸和灾难,使群众生活痛苦不堪,使他们更加愤慨。国际无产阶级革命正在显著地发展。这个革命对国家的态度问题,已经具有实践的意义了。

在几十年较为和平的发展中积聚起来的机会主义成分,造成了在世界各个正式的社会党内占统治地位的社会沙文主义流派。这个流派(在俄国有普列汉诺夫、波特列索夫、布列什柯夫斯卡娅、鲁巴诺维奇以及以稍加掩饰的形式出现的策列铁里先生、切尔诺夫先生之流;在德国有谢德曼、列金、大卫等;在法国和比利时有列诺得尔、盖得、王德威尔得;在英国有海德门和费边派**1**,等等)是口头上的社会主义、实际上的沙文主义,其特点就在于这些"社会主义领袖"不仅对于"自己"民族的资产阶级的利益,而且正是对于"自己"国家的利益,采取卑躬屈膝的迎合态度,因为大多数所谓大国早就在剥削和奴役很多弱小民族。而帝国主义战争正是为了瓜分和重新瓜分这种赃物而进行的战争。如果不同"国家"问题上的机会主义偏见作斗争,使劳动群众摆脱资产阶级影响、特别是摆脱帝国主义资产阶级影响的斗争就无法进行。

首先,我们要考察一下马克思和恩格斯的国家学说,特别详细地谈谈这个学说被人忘记或遭到机会主义歪曲的那些方面。其次,我们要专门分析一下歪曲这个学说的主要代表人物,即在这次战争中如此可悲地遭到破产的第二国际(1889—1914年)的最著名领袖卡尔·考茨基。最后,我们要给俄国1905年革命、特别是1917年革命的经验,作一个基本的总结。后面这次革命的第一个阶段看来现在(1917年8月初)正在结束,但整个这次革命只能认为是帝国主义战争引起的无产阶级社会主义革命的链条中的一个环节。因此,无产阶级社会主义革命对国家的态度问题不仅具有政治实践的意义,而且具有最迫切的意义,这个问题是要向群众说明,为了使自己从资本的枷锁下解放出来,他们在最近的将来应当做些什么。

**作 者**

1917年8月

Книгоиздательство „ЖИЗНЬ и ЗНАНІЕ".

Петроградъ, Поварской пер., д. 2, кв. 9 и 10. Телефонъ 227-42.

Библіотека обществовѣдѣнія. Кн. 40-я.

# В. ИЛЬИНЪ (Н. Ленинъ).

# ГОСУДАРСТВО

# и

# РЕВОЛЮЦІЯ

## Ученіе марксизма о государствѣ и задачи пролетаріата въ революціи.

### ВЫПУСКЪ I.

ПЕТРОГРАДЪ.
1918·

1918 年列宁《国家与革命》一书扉页

（按原版缩小）

# 第二版序言

本版,即第2版,几乎没有变动,仅在第2章中增加了第3节。

作　者
1918 年 12 月 17 日于莫斯科

# 第 一 章

# 阶级社会和国家

## 1. 国家是阶级矛盾不可调和的产物

马克思的学说在今天的遭遇，正如历史上被压迫阶级在解放斗争中的革命思想家和领袖的学说常有的遭遇一样。当伟大的革命家在世时，压迫阶级总是不断迫害他们，以最恶毒的敌意、最疯狂的仇恨、最放肆的造谣和诽谤对待他们的学说。在他们逝世以后，便试图把他们变为无害的神像，可以说是把他们偶像化，赋予他们的**名字**某种荣誉，以便"安慰"和愚弄被压迫阶级，同时却阉割革命学说的**内容**，磨去它的革命锋芒，把它庸俗化。现在资产阶级和工人运动中的机会主义者在对马克思主义作这种"加工"的事情上正一致起来。他们忘记、抹杀和歪曲这个学说的革命方面，革命灵魂。他们把资产阶级可以接受或者觉得资产阶级可以接受的东西放在第一位来加以颂扬。现在，一切社会沙文主义者都成了"马克思主义者"，这可不是说着玩的！那些德国的资产阶级学者，昨天还是剿灭马克思主义的专家，现在却愈来愈频繁地谈论起"德意志民族的"马克思来了，似乎马克思培育出了为进行掠夺战争而组织得非常出色的工人联合会！

　　在这种情况下,在对马克思主义的种种歪曲空前流行的时候,我们的任务首先就是要**恢复**真正的马克思的国家学说。为此,必须大段大段地引证马克思和恩格斯本人的著作。当然,大段的引证会使文章冗长,并且丝毫无助于通俗化。但是没有这样的引证是绝对不行的。马克思和恩格斯著作中所有谈到国家问题的地方,至少一切有决定意义的地方,一定要尽可能完整地加以引证,使读者能够独立地了解科学社会主义创始人的全部观点以及这些观点的发展,同时也是为了确凿地证明并清楚地揭示现在占统治地位的"考茨基主义"对这些观点的歪曲。

　　我们先从传播最广的弗·恩格斯的《家庭、私有制和国家的起源》一书讲起,这本书已于1894年在斯图加特出了第6版。我们必须根据德文原著来译出引文,因为俄文译本虽然很多,但多半不是译得不全,就是译得很糟。

　　恩格斯在总结他所作的历史的分析时说:"国家决不是从外部强加于社会的一种力量。国家也不像黑格尔所断言的是'伦理观念的现实','理性的形象和现实'。[2]确切地说,国家是社会在一定发展阶段上的产物;国家是承认:这个社会陷入了不可解决的自我矛盾,分裂为不可调和的对立面而又无力摆脱这些对立面。而为了使这些对立面,这些经济利益互相冲突的阶级,不致在无谓的斗争中把自己和社会消灭,就需要有一种表面上凌驾于社会之上的力量,这种力量应当缓和冲突,把冲突保持在'秩序'的范围以内;这种从社会中产生但又自居于社会之上并且日益同社会相异化的力量,就是国家。"(德文第6版第177—

178 页)①

这一段话十分清楚地表达了马克思主义关于国家的历史作用和意义这一问题的基本思想。国家是阶级矛盾**不可调和**的产物和表现。在阶级矛盾客观上**不能调和**的地方、时候和条件下,便产生国家。反过来说,国家的存在证明阶级矛盾不可调和。

对马克思主义的歪曲正是从这最重要的和根本的一点上开始的,这种歪曲来自两个主要方面。

一方面,资产阶级的思想家,特别是小资产阶级的思想家——他们迫于无可辩驳的历史事实不得不承认,只有存在阶级矛盾和阶级斗争的地方才有国家——这样来"稍稍纠正"马克思,把国家说成是阶级**调和**的机关。在马克思看来,如果阶级调和是可能的话,国家既不会产生,也不会保持下去。而照市侩和庸人般的教授和政论家们说来(往往还善意地引用马克思的话作根据!),国家正是调和阶级的。在马克思看来,国家是阶级**统治**的机关,是一个阶级**压迫**另一个阶级的机关,是建立一种"秩序"来缓和阶级冲突,使这种压迫合法化、固定化。在小资产阶级政治家看来,秩序正是阶级调和,而不是一个阶级对另一个阶级的压迫;缓和冲突就是调和,而不是剥夺被压迫阶级用来推翻压迫者的一定的斗争手段和斗争方式。

例如,在 1917 年革命中,当国家的意义和作用问题正好显得极为重要,即作为立刻行动而且是大规模行动的问题在实践上提出来的时候,全体社会革命党人**3**和孟什维克一下子就完全滚到"国家""调和"阶级这种小资产阶级理论方面去了。这两个政党

---

① 见《马克思恩格斯选集》第 3 版第 4 卷第 186—187 页。——编者注

的政治家写的无数决议和文章,都浸透了这种市侩的庸俗的"调和"论。至于国家是一定阶级的统治机关,这个阶级**不可能**与同它对立的一方(同它对抗的阶级)调和,这是小资产阶级民主派始终不能了解的。我国社会革命党人和孟什维克根本不是社会主义者(我们布尔什维克一直都在这样证明),而是唱着准社会主义的高调的小资产阶级民主派,他们对国家的态度就是最明显的表现之一。

另一方面,"考茨基主义"对马克思主义的歪曲要巧妙得多。"在理论上",它既不否认国家是阶级统治的机关,也不否认阶级矛盾不可调和。但是,它忽视或抹杀了以下一点:既然国家是阶级矛盾不可调和的产物,既然它是凌驾于社会**之上**并且"**日益**同社会**相异化**"的力量,那么很明显,被压迫阶级要求得解放,不仅非进行暴力革命不可,**而且非消灭**统治阶级所建立的、体现这种"异化"的国家政权机构不可。这个在理论上不言而喻的结论,下面我们会看到,是马克思对革命的任务作了具体的历史的分析后十分明确地得出来的。正是这个结论被考茨基⋯⋯"忘记"和歪曲了,这一点我们在下面的叙述中还要详细地证明。

## 2. 特殊的武装队伍,监狱等等

恩格斯继续说:"⋯⋯国家和旧的氏族〈或克兰〉组织[4]不同的地方,第一点就是它按地区来划分它的国民。⋯⋯"

我们现在觉得这种划分"很自然",但这是同血族或氏族的旧组织进行了长期的斗争才获得的。

"⋯⋯第二个不同点,是公共权力的设立,这种公共权力已经不再直接就是自己组织为武装力量的居民了。这个特殊的公共权力之所以需要，是因为自从社会分裂为阶级以后，居民的自动的武装组织已经成为不可能了。……　这种公共权力在每一个国家里都存在。构成这种权力的，不仅有武装的人，而且还有物质的附属物，如监狱和各种强制设施，这些东西都是以前的氏族〈克兰〉社会所没有的。……"①

恩格斯在这里阐明了被称为国家的那种"力量"的概念，即从社会中产生但又自居于社会之上并且日益同社会相异化的力量的概念。这种力量主要是什么呢？主要是拥有监狱等等的特殊的武装队伍。

应该说这是特殊的武装队伍，因为任何国家所具有的公共权力已经"不再直接就是"武装的居民，即居民的"自动的武装组织"了。

同一切伟大的革命思想家一样，恩格斯也竭力促使有觉悟的工人去注意被流行的庸俗观念认为最不值得注意、最习以为常的东西，被根深蒂固的甚至可说是顽固不化的偏见奉为神圣的东西。常备军和警察是国家政权的主要强力工具，但是，难道能够不是这样吗？

19 世纪末，大多数欧洲人认为只能是这样。恩格斯的话正是对这些人说的。他们没有经历过，也没有亲眼看到过一次大的革命。他们完全不了解什么是"居民的自动的武装组织"。对于为什么要有特殊的、居于社会之上并且同社会相异化的武装队伍（警察、常备军）这个问题，西欧和俄国的庸人总是喜欢借用斯宾

---

①　参看《马克思恩格斯选集》第 3 版第 4 卷第 187 页。——编者注

塞或米海洛夫斯基的几句话来答复,说这是因为社会生活复杂化、职能分化等等。

这种说法似乎是"科学的",而且很能迷惑一般人;它掩盖了社会分裂为不可调和地敌对的阶级这个主要的基本的事实。

如果没有这种分裂,"居民的自动的武装组织",就其复杂程度、技术水平等等来说,固然会不同于拿着树棍的猿猴群或原始人或组成克兰社会的人们的原始组织,但这样的组织是可能有的。

这样的组织所以不可能有,是因为文明社会已分裂为敌对的而且是不可调和地敌对的阶级。如果这些阶级都有"自动的"武装,就会导致它们之间的武装斗争。于是国家形成了,特殊的力量即特殊的武装队伍建立起来了。每次大革命在破坏国家机构的时候,我们都看到赤裸裸的阶级斗争,我们都清楚地看到,统治阶级是如何力图恢复替它服务的特殊武装队伍,被压迫阶级又是如何力图建立一种不替剥削者服务,而替被剥削者服务的新型的同类组织。

恩格斯在上面的论述中从理论上提出的问题,正是每次大革命实际地、明显地而且是以大规模的行动提到我们面前的问题,即"特殊的"武装队伍同"居民的自动的武装组织"之间的相互关系问题。我们在下面会看到,欧洲和俄国历次革命的经验是怎样具体地说明这个问题的。

现在我们再来看恩格斯的论述。

他指出,有时,如在北美某些地方,这种公共权力极其微小(这里指的是资本主义社会中罕见的例外,指的是帝国主义以前时期北美那些自由移民占多数的地方),但一般说来,它是在加强:

"……随着国内阶级对立的尖锐化,随着彼此相邻的各国的扩大和它们人口的增加,公共权力就日益加强。就拿我们今天的欧洲来看吧,在这里,阶级斗争和争相霸占已经把公共权力提升到大有吞食整个社会甚至吞食国家之势的高度。……"①

这段话至迟是在上一世纪90年代初期写的。恩格斯最后的序言②注明的日期是1891年6月16日。当时向帝国主义的转变,无论就托拉斯的完全统治或大银行的无限权力或大规模的殖民政策等等来说,在法国还是刚刚开始,在北美和德国更要差一些。此后,"争相霸占"进了一大步,尤其是到了20世纪第二个10年的初期,世界已被这些"争相霸占者",即进行掠夺的大国瓜分完了。从此陆海军备无限增长,1914—1917年由于英德两国争夺世界霸权即由于瓜分赃物而进行的掠夺战争,使贪婪的国家政权对社会一切力量的"吞食"快要酿成大灾大难了。

恩格斯在1891年就已指出,"争相霸占"是各个大国对外政策最重要的特征之一,但是在1914—1917年,即正是这个争相霸占加剧了许多倍而引起了帝国主义战争的时候,社会沙文主义的恶棍们却用"保卫祖国"、"保卫共和国和革命"等等词句来掩盖他们维护"自己"资产阶级强盗利益的行为!

## 3. 国家是剥削被压迫阶级的工具

为了维持特殊的、凌驾于社会之上的公共权力,就需要捐税和

---

① 见《马克思恩格斯选集》第3版第4卷第188页。——编者注
② 指恩格斯的《家庭、私有制和国家的起源》一书德文第4版序言(见《马克思恩格斯选集》第3版第4卷第15—28页)。——编者注

国债。

恩格斯说:"……官吏既然掌握着公共权力和征税权,他们就作为社会机关而凌驾于社会**之上**。从前人们对于氏族〈克兰〉制度的机关的那种自由的、自愿的尊敬,即使他们能够获得,也不能使他们满足了……"　于是制定了官吏神圣不可侵犯的特别法律。"一个最微不足道的警察"都拥有比克兰代表还要大的"权威",然而,即使是文明国家掌握军权的首脑,也可能会对"不是用强迫手段获得"社会"尊敬"的克兰首领表示羡慕。①

这里提出了作为国家政权机关的官吏的特权地位问题。指出了这样一个基本问题:究竟什么东西使他们居于社会**之上**? 我们在下面就会看到,这个理论问题在 1871 年如何被巴黎公社实际地解决了,而在 1912 年又如何被考茨基反动地抹杀了。

"……由于国家是从控制阶级对立的需要中产生的,由于它同时又是在这些阶级的冲突中产生的,所以,它照例是最强大的、在经济上占统治地位的阶级的国家,这个阶级借助于国家而在政治上也成为占统治地位的阶级,因而获得了镇压和剥削被压迫阶级的新手段。……"不仅古代国家和封建国家是剥削奴隶和农奴的机关,"现代的代议制的国家"也"是资本剥削雇佣劳动的工具。但也例外地有这样的时期,那时互相斗争的各阶级达到了这样势均力敌的地步,以致国家权力作为表面上的调停人而暂时得到了对于两个阶级的某种独

---

① 　参看《马克思恩格斯选集》第 3 版第 4 卷第 188 页。——编者注

立性。……"①17 世纪和 18 世纪的专制君主制,法兰西第一帝国和第二帝国的波拿巴主义,德国的俾斯麦,都是如此。

我们还可以补充说,在开始迫害革命无产阶级以后,在苏维埃由于小资产阶级民主派的领导而**已经**软弱无力,资产阶级又**还没**有足够的力量来直接解散它的时候,共和制俄国的克伦斯基政府也是如此。

> 恩格斯继续说,在民主共和国内,"财富是间接地但也是更可靠地运用它的权力的",它所采用的第一个方法是"直接收买官吏"(美国),第二个方法是"政府和交易所结成联盟"(法国和美国)。②

目前,在任何民主共和国中,帝国主义和银行统治都把这两种维护和实现财富的无限权力的方法"发展"到了非常巧妙的地步。例如,在俄国实行民主共和制的头几个月里,也可以说是在社会革命党人和孟什维克这些"社会党人"同资产阶级在联合政府中联姻的蜜月期间,帕尔钦斯基先生暗中破坏,不愿意实施遏止资本家、制止他们进行掠夺和借军事订货盗窃国库的种种措施,而在帕尔钦斯基先生退出内阁以后(接替他的自然是同他一模一样的人),资本家"奖赏"给他年薪 12 万卢布的肥缺,这究竟是怎么一回事呢?是直接的收买,还是间接的收买?是政府同辛迪加结成联盟,还是"仅仅"是一种友谊关系?切尔诺夫、策列铁里、阿夫克森齐耶夫、斯柯别列夫之流究竟起着什么作用?他们是盗窃国库的百万富翁的"直接"同盟者,还是仅仅是间接的同盟者?

---

① 见《马克思恩格斯选集》第 3 版第 4 卷第 188—189 页。——编者注
② 同上,第 189 页。——编者注

"财富"的无限权力在民主共和制下**更可靠**,是因为它不依赖政治机构的某些缺陷,不依赖资本主义的不好的政治外壳。民主共和制是资本主义所能采用的最好的政治外壳,所以资本一掌握(通过帕尔钦斯基、切尔诺夫、策列铁里之流)这个最好的外壳,就能十分巩固十分可靠地确立自己的权力,以致在资产阶级民主共和国中,无论人员、无论机构、无论政党的**任何**更换,都不会使这个权力动摇。

还应该指出,恩格斯十分肯定地认为,普选制是资产阶级统治的工具。他显然是考虑到了德国社会民主党的长期经验,说普选制是

　　"测量工人阶级成熟性的标尺。在现今的国家里,普选制不能而且永远不会提供更多的东西"①。

小资产阶级民主派,如我国的社会革命党人和孟什维克,以及他们的同胞兄弟西欧一切社会沙文主义者和机会主义者,却正是期待从普选制中得到"更多的东西"。他们自己相信而且要人民也相信这种荒谬的想法:普选制"在**现今的**国家里"能够真正体现大多数劳动者的意志,并保证实现这种意志。

我们在这里只能指出这种荒谬的想法,只能指出,恩格斯这个十分明白、准确而具体的说明,经常在"正式的"(即机会主义的)社会党的宣传鼓动中遭到歪曲。至于恩格斯在这里所唾弃的这种想法的全部荒谬性,我们在下面谈到马克思和恩格斯对"**现今的**"国家的看法时还会详细地加以阐明。

恩格斯在他那部流传最广的著作中,把自己的看法总结如下:

---

① 见《马克思恩格斯选集》第 3 版第 4 卷第 190 页。——编者注

　　"所以,国家并不是从来就有的。曾经有过不需要国家,而且根本不知国家和国家权力为何物的社会。在经济发展到一定阶段而必然使社会分裂为阶级时,国家就由于这种分裂而成为必要了。现在我们正在以迅速的步伐走向这样的生产发展阶段,在这个阶段上,这些阶级的存在不仅不再必要,而且成了生产的真正障碍。阶级不可避免地要消失,正如它们从前不可避免地产生一样。随着阶级的消失,国家也不可避免地要消失。在生产者自由平等的联合体的基础上按新方式来组织生产的社会,将把全部国家机器放到它应该去的地方,即放到古物陈列馆去,同纺车和青铜斧陈列在一起。"①

　　这一段引文在现代社会民主党的宣传鼓动书刊中很少遇到,即使遇到,这种引用也多半好像是对神像鞠一下躬,也就是为了例行公事式地对恩格斯表示一下尊敬,而丝毫不去考虑,先要经过多么广泛而深刻的革命,才能"把全部国家机器放到古物陈列馆去"。他们甚至往往不懂恩格斯说的国家机器究竟是什么。

## 4. 国家"自行消亡"和暴力革命

　　恩格斯所说的国家"自行消亡"这句话是这样著名,这样经常地被人引证,又这样清楚地表明了通常那种把马克思主义篡改为机会主义的手法的实质,以致对它必须详细地考察一下。现在我们把谈到这句话的整段论述援引如下:

───────────

① 见《马克思恩格斯选集》第 3 版第 4 卷第 190 页。——编者注

"无产阶级将取得国家政权,并且首先把生产资料变为国家财产。但是这样一来,它就消灭了作为无产阶级的自身,消灭了一切阶级差别和阶级对立,也消灭了作为国家的国家。到目前为止在阶级对立中运动着的社会,都需要有国家,即需要一个剥削阶级的组织,以便维护这个社会的外部生产条件,特别是用暴力把被剥削阶级控制在当时的生产方式所决定的那些压迫条件下(奴隶制、农奴制或依附农制、雇佣劳动制)。国家是整个社会的正式代表,是社会在一个有形的组织中的集中表现,但是,说国家是这样的,这仅仅是说,它是当时独自代表整个社会的那个阶级的国家:在古代是占有奴隶的公民的国家,在中世纪是封建贵族的国家,在我们的时代是资产阶级的国家。当国家终于真正成为整个社会的代表时,它就使自己成为多余的了。当不再有需要加以镇压的社会阶级的时候,当阶级统治和根源于至今的生产无政府状态的个体生存斗争已被消除,而由此二者产生的冲突和极端行动也随着被消除了的时候,就不再有什么需要镇压了,也就不再需要国家这种特殊的镇压力量了。国家真正作为整个社会的代表所采取的第一个行动,即以社会的名义占有生产资料,同时也是它作为国家所采取的最后一个独立行动。那时,国家政权对社会关系的干预在各个领域中将先后成为多余的事情而自行停止下来。那时,对人的统治将由对物的管理和对生产过程的领导所代替。国家不是'被废除'的,**它是自行消亡的**。应当以此来衡量'自由的人民国家'这个用语,这个用语在鼓动的意义上暂时有存在的理由,但归根到底是没有科学根据的;同时也应当以此来衡量所谓无政府主义者提出的在一天之内废

除国家的要求。"(《反杜林论(欧根·杜林先生在科学中实行的变革)》德文第 3 版第 301—303 页)①

我们可以确有把握地说,在恩格斯这一段思想极其丰富的论述中,被现代社会党的社会主义思想实际接受的只有这样一点:和无政府主义的国家"废除"说不同,按马克思的观点,国家是"自行消亡"的。这样来削剪马克思主义,无异是把马克思主义变成机会主义,因为这样来"解释",就只会留下一个模糊的观念,似乎变化就是缓慢的、平稳的、逐渐的,似乎没有飞跃和风暴,没有革命。对国家"自行消亡"的普遍的、流行的、大众化的(如果能这样说的话)理解,无疑意味着回避革命,甚至是否定革命。

实际上,这样的"解释"是对马克思主义最粗暴的、仅仅有利于资产阶级的歪曲,所以产生这种歪曲,从理论上说,是由于忘记了我们上面完整地摘引的恩格斯的"总结性"论述中就已指出的那些极重要的情况和想法。

第一,恩格斯在这段论述中一开始就说,无产阶级将取得国家政权,"这样一来也消灭了作为国家的国家"。这是什么意思,人们是"照例不"思索的。通常不是完全忽略这一点,就是认为这是恩格斯的一种"黑格尔主义的毛病"。其实这句话扼要地表明了最伟大的一次无产阶级革命的经验,即 1871 年巴黎公社的经验,关于这一点,我们在下面还要详细地加以论述。实际上恩格斯在这里所讲的是以无产阶级革命来"消灭"**资产阶级的**国家,而他讲的自行消亡是指社会主义革命**以后无产阶级**国家制度残余。按恩格斯的看法,资产阶级国家不是"自行消亡"的,而是由无产阶级

---

① 见《马克思恩格斯全集》中文第 2 版第 26 卷第 297—298 页。——编者注

在革命中来"**消灭**"的。在这个革命以后,自行消亡的是无产阶级的国家或半国家。

第二,国家是"特殊的镇压力量"。恩格斯这个出色的极其深刻的定义在这里说得十分清楚。从这个定义可以得出这样的结论:资产阶级对无产阶级,即一小撮富人对千百万劳动者的"特殊的镇压力量",应该由无产阶级对资产阶级的"特殊的镇压力量"(无产阶级专政)来代替。这就是"消灭作为国家的国家"。这就是以社会的名义占有生产资料的"行动"。显然,以一种(无产阶级的)"特殊力量"来代替另一种(资产阶级的)"特殊力量",**这样一种**更替是决不能通过"自行消亡"来实现的。

第三,恩格斯所说的"自行消亡",甚至更突出更鲜明地说的"自行停止",是十分明确而肯定地指"国家以整个社会的名义占有生产资料"**以后**即社会主义革命**以后**的时期。我们大家都知道,这时"国家"的政治形式是最完全的民主。但是那些无耻地歪曲马克思主义的机会主义者,却没有一个人想到恩格斯在这里所说的就是**民主**的"自行停止"和"自行消亡"。乍看起来,这似乎是很奇怪的。但是,只有那些没有想到民主**也**是国家、因而在国家消失时民主也会消失的人,才会觉得这是"不可理解"的。资产阶级的国家只有革命才能"消灭"。国家本身,就是说最完全的民主,只能"自行消亡"。

第四,恩格斯在提出"国家自行消亡"这个著名的原理以后,立刻就具体地说明这个原理是既反对机会主义者又反对无政府主义者的。而且恩格斯放在首位的,是从"国家自行消亡"这个原理中得出的反对机会主义者的结论。

可以担保,在1万个读过或听过国家"自行消亡"论的人中,有 9 990 人完全不知道或不记得恩格斯从这个原理中得出的结论**不仅**是反对无政府主义者的。其余的 10 个人中可能有 9 个人不知道什么是"自由的人民国家",不知道为什么反对这个口号就是反对机会主义者。历史竟然被写成这样！伟大的革命学说竟然这样被人不知不觉地篡改成了流行的庸俗观念。反对无政府主义者的结论被千百次地重复,庸俗化,极其简单地灌到头脑中去,变成固执的偏见。而反对机会主义者的结论,却被抹杀和"忘记了"！

"自由的人民国家"是 70 年代德国社会民主党人的纲领性要求和流行口号。这个口号除了对于民主概念的市侩的、夸张的描写,没有任何政治内容。由于当时是在合法地用这个口号暗示民主共和国,恩格斯也就从鼓动的观点上同意"暂时"替这个口号"辩护"。但这个口号是机会主义的,因为它不仅起了粉饰资产阶级民主的作用,而且表现出不懂得社会主义对任何国家的批评。我们赞成民主共和国,因为这是在资本主义制度下对无产阶级最有利的国家形式。但是,我们决不应该忘记,即使在最民主的资产阶级共和国里,人民仍然摆脱不了当雇佣奴隶的命运。其次,任何国家对被压迫阶级都是"特殊的镇压力量"。因此**任何国家都不是**自由的,都**不是**人民的。在 70 年代,马克思和恩格斯一再向他们党内的同志解释这一点。[5]

第五,在恩格斯这同一本著作中,除了大家记得的关于国家自行消亡的论述,还有关于暴力革命意义的论述。恩格斯从历史上对于暴力革命的作用所作的评述变成了对暴力革命的真正的颂扬。但是,"谁都不记得"这一点,这个思想的意义在现代社会党内是照例不谈、甚至照例不想的,这些思想在对群众进行的日常宣传鼓动中也不占任何地位。其实,这些思想同国家"自行消亡"论是紧紧联在一起的,是联成一个严密的整体的。

请看恩格斯的论述:

"……暴力在历史中还起着另一种作用〈除作恶以外〉,革命的作用;暴力,用马克思的话说,是每一个孕育着新社会的旧社会的助产婆①;它是社会运动借以为自己开辟道路并摧毁僵化的垂死的政治形式的工具——关于这些,杜林先生一个字也没有提到。他只是在叹息和呻吟中承认这样一种可能性:为了推翻进行剥削的经济,也许需要暴力,这很遗憾!因为在他看来,暴力的任何使用都会使暴力使用者道德堕落。他说这话竟不顾每一次革命的胜利带来的道德上和精神上的巨大跃进! 而且这话是在德国说的,在那里,人民可能被迫进行的暴力冲突至少有一个好处,即扫除三十年战争**6**的屈辱在民族意识中造成的奴才气。而这种枯燥的、干瘪的、软弱无力的传教士的思维方式,竟要强加给历史上最革命的政党!"

(德文第 3 版第 193 页;第 2 编第 4 章末)②

怎样才能把恩格斯从 1878 年起至 1894 年即快到他逝世的时候为止,一再向德国社会民主党人提出的这一颂扬暴力革命的论点,同国家"自行消亡"的理论结合在一个学说里呢?

人们通常是借助折中主义把这两者结合起来,他们随心所欲(或者为了讨好当权者),无原则地或诡辩式地时而抽出这个论述时而抽出那个论述,而且在 100 次中有 99 次(如果不是更多的话)正是把"自行消亡"论摆在首位。用折中主义代替辩证法,这

---

① 参看《马克思恩格斯选集》第 3 版第 2 卷第 296 页。——编者注
② 参看《马克思恩格斯全集》中文第 2 版第 26 卷第 193 页。——编者注

就是目前正式的社会民主党书刊中在对待马克思主义的态度上最常见最普遍的现象。这种做法,自然并不新鲜,甚至在希腊古典哲学史上也是可以见到的。把马克思主义篡改为机会主义的时候,用折中主义冒充辩证法最容易欺骗群众,能使人感到一种似是而非的满足,似乎考虑到了过程的一切方面、发展的一切趋势、一切相互矛盾的影响等等,但实际上并没有对社会发展过程作出任何完整的革命的解释。

我们在前面已经说过,在下面还要更详尽地说明,马克思和恩格斯关于暴力革命不可避免的学说是针对资产阶级国家说的。资产阶级国家由无产阶级国家(无产阶级专政)代替,**不能**通过"自行消亡",根据一般规律,只能通过暴力革命。恩格斯对暴力革命的颂扬同马克思的屡次声明完全符合(我们可以回忆一下,《哲学的贫困》和《共产党宣言》这两部著作的结尾部分①,曾自豪地公开声明暴力革命不可避免;我们还可以回忆一下,约在 30 年以后,马克思在 1875 年批判哥达纲领⁷的时候,曾无情地抨击了这个纲领的机会主义),这种颂扬决不是"过头话",决不是夸张,也决不是论战伎俩。必须系统地教育群众**这样**来认识而且正是这样来认识暴力革命,这就是马克思和恩格斯**全部**学说的基础。现在占统治地位的社会沙文主义流派和考茨基主义流派对马克思和恩格斯学说的背叛,最突出地表现在这两个流派都把**这方面的**宣传和鼓动忘记了。

无产阶级国家代替资产阶级国家,非通过暴力革命不可。无

---

① 参看《马克思恩格斯选集》第 3 版第 1 卷第 274 — 275、434 — 435 页。——编者注

产阶级国家的消灭,即任何国家的消灭,只能通过"自行消亡"。

马克思和恩格斯在研究每一个革命形势,分析每一次革命的经验教训时,都详细而具体地发展了他们的这些观点。我们现在就来谈谈他们学说中这个无疑是最重要的部分。

# 第 二 章

# 国家与革命。1848—1851 年的经验

## 1. 革命的前夜

成熟的马克思主义的头两部著作《哲学的贫困》和《共产党宣言》，恰巧是在 1848 年革命前夜写成的。由于这种情况，这两部著作除了叙述马克思主义的一般原理，还在一定程度上反映了当时具体的革命形势。因此，我们来研究一下这两部著作的作者从1848—1851 年革命的经验作出结论以前不久关于国家问题的言论，也许更为恰当。

马克思在《哲学的贫困》中写道："……工人阶级在发展进程中将创造一个消除阶级和阶级对抗的联合体来代替旧的资产阶级社会；从此再不会有原来意义的政权了。因为政权正是资产阶级社会内部阶级对抗的正式表现。"（1885 年德文版第 182 页）①

拿马克思和恩格斯在几个月以后（1847 年 11 月）写的《共产党宣言》中的下面的论述，同这一段关于国家在阶级消灭之后消

---

① 参看《马克思恩格斯选集》第 3 版第 1 卷第 275 页。——编者注

失的思想的一般论述对照一下,是颇有教益的:

"……在叙述无产阶级发展的最一般的阶段的时候,我们循序探讨了现存社会内部或多或少隐蔽着的国内战争,直到这个战争爆发为公开的革命,无产阶级用暴力推翻资产阶级而建立自己的统治……

……前面我们已经看到,工人革命的第一步就是使无产阶级转化成〈直译是上升为〉统治阶级,争得民主。

无产阶级将利用自己的政治统治,一步一步地夺取资产阶级的全部资本,把一切生产工具集中在国家即组织成为统治阶级的无产阶级手里,并且尽可能快地增加生产力的总量。"(1906 年德文第 7 版第 31 页和第 37 页)①

在这里我们看到马克思主义在国家问题上一个最卓越最重要的思想即"无产阶级专政"(马克思和恩格斯在巴黎公社以后开始这样说)**8**这个思想的表述,其次我们还看到给国家下的一个非常引人注意的定义,这个定义也属于马克思主义中"被忘记的言论":**"国家即组织成为统治阶级的无产阶级。"**

国家的这个定义,在正式社会民主党的占支配地位的宣传鼓动书刊中不仅从来没有解释过,而且恰巧被人忘记了,因为它同改良主义是根本不相容的,它直接打击了"民主的和平发展"这种常见的机会主义偏见和市侩的幻想。

无产阶级需要国家,——一切机会主义者,社会沙文主义者和考茨基主义者,都这样重复,硬说马克思的学说就是如此,但是**"忘记"**补充:马克思认为,第一,无产阶级所需要的只是逐渐消亡

---

① 参看《马克思恩格斯选集》第 3 版第 1 卷第 412、421 页。——编者注

的国家,即组织得能立刻开始消亡而且不能不消亡的国家;第二,劳动者所需要的"国家","即组织成为统治阶级的无产阶级"。

国家是特殊的强力组织,是镇压某一个阶级的暴力组织。无产阶级要镇压的究竟是哪一个阶级呢? 当然只是剥削阶级,即资产阶级。劳动者需要国家只是为了镇压剥削者的反抗,而能够领导和实行这种镇压的只有无产阶级,因为无产阶级是唯一彻底革命的阶级,是唯一能够团结一切被剥削劳动者对资产阶级进行斗争、把资产阶级完全铲除的阶级。

剥削阶级需要政治统治是为了维持剥削,也就是为了极少数人的私利,去反对绝大多数人。被剥削阶级需要政治统治是为了彻底消灭一切剥削,也就是为了绝大多数人的利益,去反对极少数的现代奴隶主——地主和资本家。

小资产阶级民主派,这些用阶级妥协的幻想来代替阶级斗争的假社会主义者,对社会主义改造也想入非非,他们不是把改造想象为推翻剥削阶级的统治,而是想象为少数和平地服从那已经理解到本身任务的多数。这种小资产阶级空想同认为国家是超阶级的观点有密切的联系,它在实践中导致出卖劳动阶级的利益,法国1848 年革命和1871 年革命的历史就表明了这一点,19 世纪末和20 世纪初英、法、意和其他国家的"社会党人"参加资产阶级内阁的经验也表明了这一点。

马克思一生都在反对这种小资产阶级社会主义,即目前在俄国由社会革命党和孟什维克党复活起来的这种小资产阶级社会主义。马克思把阶级斗争学说一直贯彻到政权学说、国家学说之中。

只有无产阶级才能推翻资产阶级的统治,因为无产阶级是一个特殊阶级,它的生存的经济条件为它推翻资产阶级的统治作了准备,使它有可能、有力量达到这个目的。资产阶级在分离和分散农民及一切小资产阶级阶层的同时,却使无产阶级团结、联合和组织起来。只有无产阶级,由于它在大生产中的经济作用,才能成为**一切**被剥削劳动群众的领袖,这些被剥削劳动群众受资产阶级的剥削、压迫和摧残比起无产阶级来往往有过之而无不及,可是他们不能为自己的解放**独立地**进行斗争。

阶级斗争学说经马克思运用到国家和社会主义革命问题上,必然导致承认无产阶级的**政治统治**,无产阶级的专政,即不与任何人分掌而直接依靠群众武装力量的政权。只有使无产阶级转化成**统治阶级**,从而能把资产阶级必然要进行的拼死反抗镇压下去,并组织**一切**被剥削劳动群众去建立新的经济结构,才能推翻资产阶级。

无产阶级需要国家政权,中央集权的强力组织,暴力组织,既是为了镇压剥削者的反抗,也是为了**领导**广大民众即农民、小资产阶级和半无产者来"调整"社会主义经济。

马克思主义教育工人的党,也就是教育无产阶级的先锋队,使它能够夺取政权并**引导全体人民**走向社会主义,指导并组织新制度,成为所有被剥削劳动者在不要资产阶级并反对资产阶级而建设自己社会生活的事业中的导师、领导者和领袖。反之,现在占统治地位的机会主义却把工人的党教育成为一群脱离群众而代表工资优厚的工人的人物,只图在资本主义制度下"苟且偷安",为了一碗红豆汤而出卖自己的长子权[9],也就是放弃那领导人民反对资产阶级的革命领袖作用。

"国家即组织成为统治阶级的无产阶级",——马克思的这个理论同他关于无产阶级在历史上的革命作用的全部学说,有不可分割的联系。这种作用的最高表现就是无产阶级实行专政，无产阶级实行政治统治。

既然无产阶级需要国家这样一个**反对**资产阶级的**特殊**暴力组织，那么自然就会得出一个结论：不预先消灭和破坏资产阶级为**自己**建立的国家机器，根本就不可能建立这样一个组织！在《共产党宣言》中已接近于得出这个结论，马克思在总结 1848—1851 年革命的经验时也就谈到了这个结论。

## 2. 革命的总结

关于我们感到兴趣的国家问题，马克思在《路易·波拿巴的雾月十八日》一书中总结 1848—1851 年的革命时写道：

"……然而革命是彻底的。它还处在通过涤罪所[10]的历程中。它在有条不紊地完成自己的事业。1851 年 12 月 2 日〈路易·波拿巴政变的日子〉以前，它已经完成了前一半准备工作，现在它在完成另一半。它先使议会权力臻于完备，为的是能够推翻这个权力。现在，当它已达到这一步时，它就来使**行政权**臻于完备，使行政权以其最纯粹的形式表现出来，使之孤立，使之成为和自己对立的唯一的对象，**以便集中自己的一切破坏力量来反对行政权**〈黑体是我们用的〉。而当革命完成自己这后一半准备工作的时候，欧洲就会从座位上跳起来欢呼：掘得好，老田鼠！[11]

这个行政权有庞大的官僚机构和军事机构，有复杂而巧妙的国家机器，有 50 万人的官吏大军和 50 万人的军队。这个俨如密网一般缠住法国社会全身并阻塞其一切毛孔的可怕的寄生机体,是在专制君主时代,在封建制度崩溃时期产生的,同时这个寄生机体又加速了封建制度的崩溃。"第一次法国革命发展了中央集权,"但是它同时也就扩大了政府权力的容量、属性和走卒数目。拿破仑完成了这个国家机器"。正统王朝和七月王朝"并没有增添什么东西,不过是扩大了分工……

……最后,议会制共和国在它反对革命的斗争中,除采用高压手段外,还不得不加强政府权力的工具和中央集权。**一切变革都是使这个机器更加完备,而不是把它摧毁**〈黑体和着重号是我们用的〉。那些相继争夺统治权的政党,都把这个庞大国家建筑物的夺得视为胜利者的主要战利品。"(《路易·波拿巴的雾月十八日》1907年汉堡第4版第98—99页)①

马克思主义在这一段精彩的论述里,与《共产党宣言》相比,向前迈进了一大步。在那里,国家问题还提得非常抽象,只用了最一般的概念和说法。在这里,问题提得具体了,并且作出了非常准确、明确、实际而具体的结论:过去一切革命都是使国家机器更加完备,而这个机器是必须打碎,必须摧毁的。

这个结论是马克思主义国家学说中主要的基本的东西。正是这个基本的东西,不仅被占统治地位的正式社会民主党完全**忘记**了,而且被第二国际最著名的理论家卡·考茨基公然**歪曲**了(这点我们在下面就会看到)。

---

① 参看《马克思恩格斯选集》第3版第1卷第759—761页。——编者注

在《共产党宣言》中对历史作了一般的总结,使人们认识到国家是阶级统治的机关,还使人们得出这样一个必然的结论:无产阶级如果不先夺取政权,不取得政治统治,不把国家变为"组织成为统治阶级的无产阶级",就不能推翻资产阶级;这个无产阶级国家在它取得胜利以后就会立刻开始消亡,因为在没有阶级矛盾的社会里,国家是不需要的,也是不可能存在的。在这里还没有提出究竟应当怎样(从历史发展的观点来看)以无产阶级国家来代替资产阶级国家的问题。

马克思在 1852 年提出并加以解决的正是这个问题。马克思忠于自己的辩证唯物主义哲学,他以 1848—1851 伟大革命年代的历史经验作为依据。马克思的学说在这里也像其他任何时候一样,是用深刻的哲学世界观和丰富的历史知识阐明的**经验总结**。

国家问题现在提得很具体:资产阶级的国家,资产阶级统治所需要的国家机器在历史上是怎样产生的? 在历次资产阶级革命进程中和面对着各被压迫阶级的独立行动,国家机器如何改变,如何演变? 无产阶级在对待这个国家机器方面的任务是什么?

资产阶级社会所特有的中央集权的国家政权,产生于专制制度崩溃的时代。最能表明这个国家机器特征的有两种机构,即官吏和常备军。马克思和恩格斯的著作中屡次谈到,这两种机构恰巧同资产阶级有千丝万缕的联系。每个工人的经验都非常清楚非常有力地说明了这种联系。工人阶级是根据亲身的体验来学习领会这种联系的,正因为这样,工人阶级很容易懂得并且很深刻地理解这种联系不可避免的道理,而小资产阶级民主派不是无知地、轻率地否认这个道理,便是更轻率地加以"一般地"承认而忘记作出相应的实际结论。

官吏和常备军是资产阶级社会身上的"寄生物",是使这个社会分裂的内部矛盾所产生的寄生物,而且正是"阻塞"生命的毛孔的寄生物。目前在正式的社会民主党内占统治地位的考茨基机会主义,认为把国家看做**寄生机体**是无政府主义独具的特性。当然,这样来歪曲马克思主义,对于那些空前地玷污社会主义、竟把"保卫祖国"的概念应用于帝国主义战争来替这个战争辩护和粉饰的市侩,是大有好处的,然而这毕竟是无可置疑的歪曲。

经过从封建制度崩溃以来欧洲所发生的为数很多的各次资产阶级革命,这个官吏和军事机构逐渐发展、完备和巩固起来。还必须指出,小资产阶级被吸引到大资产阶级方面去并受它支配,在很大程度上就是通过这个机构,这个机构给农民、小手工业者、商人等等的上层分子以比较舒适、安闲和荣耀的职位,使这些职位的占有者居于人民之上。看一看俄国在 1917 年 2 月 27 日以后这半年中发生的情况吧:以前优先给予黑帮分子**12**的官吏位置,现已成为立宪民主党人**13**、孟什维克和社会革命党人猎取的对象。实际上他们根本不想进行任何认真的改革,力图把这些改革推迟"到立宪会议召集的时候",而且又把立宪会议慢吞吞地推迟到战争结束再举行!至于瓜分战利品,攫取部长、副部长、总督等等职位,却没有延期,没有等待任何立宪会议!玩弄联合组阁的把戏,其实不过是全国上下一切中央和地方管理机关中瓜分和重新瓜分"战利品"的一种表现。各种改革都延期了,官吏职位已经瓜分了,瓜分方面的"错误"也由几次重新瓜分纠正了,——这无疑就是 1917 年 2 月 27 日—8 月 27 日这半年的总结,客观的总结。

但是在各资产阶级政党和小资产阶级政党之间(拿俄国的例子来讲,就是在立宪民主党、社会革命党和孟什维克之间)"重新瓜分"官吏机构的次数愈多,各被压迫阶级,以无产阶级为首,就会愈清楚地认识到自己同**整个**资产阶级社会不可调和的敌对性。因此,一切资产阶级政党,甚至包括最民主的和"革命民主的"政党,都必须加强高压手段来对付革命的无产阶级,巩固高压机构,也就是巩固原有的国家机器。这样的事变进程迫使革命"**集中自己的一切破坏力量**"去反对国家政权,迫使革命提出这样的任务:不是去改善国家机器,而是**破坏**它、**消灭**它。

这样提出任务,不是根据逻辑的推论,而是根据事变的实际发展,根据 1848—1851 年的生动经验。马克思在 1852 年还没有具体提出**用什么东西**来代替这个必须消灭的国家机器的问题,从这里可以看出,马克思是多么严格地以实际的历史经验为依据。那时在这个问题上,经验还没有提供材料,后来在 1871 年,历史才把这个问题提到日程上来。在 1852 年,要以观察自然历史那样的精确性下断语,还只能说,无产阶级革命已**面临**"集中自己的一切破坏力量"来反对国家政权的任务,即"摧毁"国家机器的任务。

这里可能会发生这样的问题:把马克思的经验、观察和结论加以推广,用到比 1848—1851 年这三年法国历史更广阔的范围上去是否正确呢?为了分析这个问题,我们先重温一下恩格斯的一段话,然后再来研究实际材料。

恩格斯在《雾月十八日》第 3 版序言里写道:"……法国是这样一个国家,在那里历史上的阶级斗争,比起其他各国来每一次都达到更加彻底的结局;因而阶级斗争借以进行、阶级斗争的结果借以表现出来的变换不已的政治形式,在那里也表现得最为鲜明。法国在中世纪是封建制度的中心,从文艺复兴时代起是统一的等级君主制的典型国家,它在大革命中粉碎了封建制度,建立了纯粹的资产阶级统治,这种统治所具有的典型性是欧洲任何其他国家所没有的。而正在上升的无产阶级反对占统治地位的资产阶级的斗争,在这里也以其他各国所没有的尖锐形式表现出来。"(1907 年版第 4 页)①

最后一句评语已经过时了,因为从 1871 年起,法国无产阶级的革命斗争就停顿了,虽然这种停顿(无论它会持续多久)丝毫不排除法国在将来的无产阶级革命中有可能成为使阶级斗争达到彻底的结局的典型国家。

现在我们来概括地看一看 19 世纪末 20 世纪初各先进国家的历史。我们可以看到,这里更缓慢地、更多样地、范围更广阔得多地进行着那同一个过程:一方面,无论在共和制的国家(法国、美国、瑞士),还是在君主制的国家(英国、一定程度上的德国、意大利、斯堪的纳维亚国家等),都逐渐形成"议会权力";另一方面,在不改变资产阶级制度基础的情况下,各资产阶级政党和小资产阶级政党瓜分着和重新瓜分着官吏职位这种"战利品",为争夺政权进行着斗争;最后,"行政权",它的官吏和军事机构,日益完备和巩固起来。

毫无疑问,这是一般资本主义国家现代整个演变过程的共同特征。法国在 1848—1851 年这三年内迅速地、鲜明地、集中地显示出来的,就是整个资本主义世界所特有的那种发展过程。

特别是帝国主义,即银行资本时代,资本主义大垄断组织的时代,垄断资本主义转变为国家垄断资本主义的时代表明,无论在君主制的国家,还是在最自由的共和制的国家,由于要加强高压手段

---

① 见《马克思恩格斯选集》第 3 版第 1 卷第 666—667 页。——编者注

来对付无产阶级，"国家机器"就大大强化了，它的官吏和军事机构就空前膨胀起来了。

现在，全世界的历史无疑正在较之 1852 年广阔得无比的范围内，把无产阶级革命引向"集中自己的一切力量"去"破坏"国家机器。

至于无产阶级将用什么东西来代替这个国家机器，关于这一点，巴黎公社提供了极有教益的材料。

# 3. 1852 年马克思对问题的提法①

1907 年，梅林把 1852 年 3 月 5 日马克思给魏德迈的信摘要登在《新时代》杂志**14**上(第 25 年卷第 2 册第 164 页)。在这封信里有这样一段精彩的论述：

"至于讲到我，无论是发现现代社会中有阶级存在或发现各阶级间的斗争，都不是我的功劳。在我以前很久，资产阶级历史编纂学家就已经叙述过阶级斗争的历史发展，资产阶级经济学家也已经对各个阶级作过经济上的分析。我所加上的新内容就是证明了下列几点：(1)阶级的存在仅仅同生产发展的一定历史阶段相联系；(2)阶级斗争必然导致无产阶级专政；(3)这个专政不过是达到消灭一切阶级和进入无阶级社会的过渡。……"②

---

① 第 2 版增加的一节。
② 见《马克思恩格斯选集》第 3 版第 4 卷第 425—426 页。——编者注

在这一段话里,马克思极其鲜明地表达了两点:第一,他的学说同先进的和最渊博的资产阶级思想家的学说之间的主要的和根本的区别;第二,他的国家学说的实质。

马克思学说中的主要之点是阶级斗争。人们时常这样说,这样写。但这是不正确的。根据这个不正确的看法,往往会对马克思主义进行机会主义的歪曲,把马克思主义篡改为资产阶级可以接受的东西。因为阶级斗争学说**不是**由马克思**而是**由资产阶级**在**马克思**以前**创立的,一般说来是资产阶级**可以接受**的。谁要是**仅仅**承认阶级斗争,那他还不是马克思主义者,他还可以不超出资产阶级思想和资产阶级政治的范围。把马克思主义局限于阶级斗争学说,就是阉割马克思主义,歪曲马克思主义,把马克思主义变为资产阶级可以接受的东西。只有承认阶级斗争、**同时也**承认**无产阶级专政**的人,才是马克思主义者。马克思主义者同平庸的小资产者(以及大资产者)之间的最深刻的区别就在这里。必须用这块试金石来检验是否**真正**理解和承认马克思主义。无怪乎当欧洲的历史**在实践上**向工人阶级提出这个问题时,不仅一切机会主义者和改良主义者,而且所有"考茨基主义者"(动摇于改良主义和马克思主义之间的人),都成了**否认**无产阶级专政的可怜的庸人和小资产阶级民主派。1918年8月即本书第1版刊行以后很久出版的考茨基的小册子《无产阶级专政》,就是**口头上**假意承认马克思主义而**实际上**市侩式地歪曲马克思主义和卑鄙地背弃马克思主义的典型(见我的小册子《无产阶级革命和叛徒考茨基》1918年彼得格勒和莫斯科版①)。

---

① 　见《列宁选集》第3版修订版第3卷第587—682页。——编者注

以过去的马克思主义者卡·考茨基为主要代表的现代机会主义，完全符合马克思对**资产阶级**立场所作的上述评语，因为这种机会主义把承认阶级斗争的领域局限于资产阶级关系的领域。（而在这个领域内，在这个领域的范围内，任何一个有知识的自由主义者都不会拒绝"在原则上"承认阶级斗争！）机会主义恰巧**不把**承认阶级斗争**贯彻**到最主要之点，**贯彻**到从资本主义向共产主义**过渡**的时期，**贯彻**到**推翻**资产阶级并完全**消灭**资产阶级的时期。实际上，这个时期必然是阶级斗争空前残酷、阶级斗争的形式空前尖锐的时期，因而这个时期的国家就不可避免地应当是**新型民主**的（对无产者和一般穷人是民主的）和**新型**专政的（对资产阶级是专政的）国家。

其次，只有懂得**一个**阶级的专政不仅对一般阶级社会是必要的，不仅对推翻了资产阶级的**无产阶级**是必要的，而且对介于资本主义和"无阶级社会"即共产主义之间的整整一个**历史时期**都是必要的，——只有懂得这一点的人，才算掌握了马克思国家学说的实质。资产阶级国家的形式虽然多种多样，但本质是一样的：所有这些国家，不管怎样，归根到底一定都是**资产阶级专政**。从资本主义向共产主义过渡，当然不能不产生非常丰富和多样的政治形式，但本质必然是一样的：都是**无产阶级专政**。[15]

# 第 三 章

# 国家与革命。1871 年
# 巴黎公社的经验。马克思的分析

## 1. 公社战士这次尝试的英雄主义何在?

大家知道,在巴黎公社出现以前几个月,即 1870 年秋,马克思曾经告诫巴黎工人说,推翻政府的企图将是绝望的蠢举。① 但是,当 1871 年 3 月工人**被迫**进行决战的时候,当起义已经成为事实的时候,尽管当时有种种恶兆,马克思还是以极其欢欣鼓舞的心情来迎接无产阶级革命。马克思并没有固执己见,学究式地非难运动"不合时宜",像臭名昭彰的俄国马克思主义叛徒普列汉诺夫那样:普列汉诺夫在 1905 年 11 月曾写文章鼓励工人农民进行斗争,而在 1905 年 12 月以后却自由派式地大叫什么"本来就用不着拿起武器"**16**。

然而,马克思不仅是为"冲天的"(他的用语)公社战士的英雄主义感到欢欣鼓舞**17**,他还从这次群众性的革命运动(虽然它没有达到目的)中看到了有极重大意义的历史经验,看到了全世界无

① 参看《马克思恩格斯选集》第 3 版第 3 卷第 71 页。——编者注

产阶级革命的一定进步,看到了比几百种纲领和议论更为重要的实际步骤。分析这个经验,从这个经验中得到策略教训,根据这个经验来重新审查自己的理论,这就是马克思为自己提出的任务。

马克思认为对《共产党宣言》必须作的唯一"修改",就是他根据巴黎公社战士的革命经验作出的。

在《共产党宣言》德文新版上由两位作者署名的最后一篇序言,注明的日期是 1872 年 6 月 24 日。在这篇序言中,作者卡尔·马克思和弗里德里希·恩格斯说,《共产党宣言》这个纲领"现在有些地方已经过时了"。

**接着他们说:"⋯⋯特别是公社已经证明:'工人阶级不能简单地掌握现成的国家机器,并运用它来达到自己的目的。'⋯⋯"①**

这段引文中单引号内的话,是两位作者从马克思的《法兰西内战》一书中借用来的。②

总之,马克思和恩格斯认为巴黎公社的这个基本的主要的教训具有非常重大的意义,所以他们把这个教训加进《共产党宣言》,作为一个极其重要的修改。

非常值得注意的是,正是这个极其重要的修改被机会主义者歪曲了,而《共产党宣言》的读者有十分之九,甚至有百分之九十九,大概都不知道这个修改所包含的意思。我们在下面专论歪曲的那一章里,还要对这种歪曲加以详细说明。现在只须指出,对于我们所引证的马克思的这句名言,流行的庸俗的"理解"

---

① 见《马克思恩格斯选集》第 3 版第 1 卷第 377 页。——编者注
② 同上,第 3 卷第 95 页。——编者注

就是认为马克思在这里是强调缓慢发展的思想，不主张夺取政权等等。

实际上**恰巧相反**。马克思的意思是说工人阶级应当**打碎**、**摧毁**"现成的国家机器"，而不只是简单地夺取这个机器。

1871 年 4 月 12 日，即正当巴黎公社存在的时候，马克思在给库格曼的信中写道：

"……如果你查阅一下我的《雾月十八日》的最后一章，你就会看到，我认为法国革命的下一次尝试不应该再像以前那样把官僚军事机器从一些人的手里转到另一些人的手里，而应该把它**打碎**〈黑体和着重号是马克思用的；原文是 zer­brechen〉，这正是大陆上任何一次真正的人民革命的先决条件。这也正是我们英勇的巴黎党内同志们的尝试。"（《新时代》杂志第 20 年卷（1901—1902）第 1 册第 709 页）①（马克思给库格曼的书信至少有两种俄文版本，其中有一种是由我编辑和作序②的。）

"把官僚军事国家机器打碎"这几个字，已经简要地表明了马克思主义关于无产阶级在革命中在对待国家方面的任务问题的主要教训。而正是这个教训，不仅被人完全忘记了，而且被现时对马克思主义所作的流行的即考茨基主义的"解释"公然歪曲了！

至于马克思提到的《雾月十八日》中的有关地方，我们在前面已经全部引用了。

---

① 　参看《马克思恩格斯选集》第 3 版第 4 卷第 493 页。——编者注
② 　见《列宁选集》第 3 版修订版第 1 卷第 699—708 页。——编者注

在以上引证的马克思的这段论述中,有两个地方是值得特别指出的。第一,他把他的结论只限于大陆。这在1871年是可以理解的,那时英国还是一个纯粹资本主义的、但是没有军阀并在很大程度上没有官僚的国家的典型。所以马克思把英国除外,当时在英国,革命,甚至是人民革命,被设想有可能而且确实有可能**不以**破坏"现成的国家机器"为先决条件。

现在,在1917年,在第一次帝国主义大战时期,马克思的这个限制已经不能成立了。英国和美国这两个全世界最大的和最后的盎格鲁撒克逊"自由制"(从没有军阀和官僚这个意义来说)的代表,已经完全滚到官僚和军阀支配一切、压制一切这样一种一般欧洲式的污浊血腥的泥潭中去了。现在,无论在英国或美国,都要以**打碎**、**破坏**"现成的"(是1914—1917年间在这两个国家已制造出来而达到了"欧洲式的"、一般帝国主义的完备程度的)"国家机器",作为"任何一次真正的人民革命的先决条件"。

第二,马克思说破坏官僚军事国家机器是"任何一次真正的**人民**革命的先决条件",这个非常深刻的见解是值得特别注意的。"人民"革命这一概念出自马克思的口中似乎是很奇怪的,俄国的普列汉诺夫分子和孟什维克,这些愿意以马克思主义者自命的司徒卢威信徒,也许会说马克思是"失言"。他们把马克思主义歪曲成了非常贫乏的自由主义:在他们看来,除了资产阶级革命和无产阶级革命的对立,再没有任何东西,而且他们对这种对立的理解也是非常死板的。

如果以20世纪的革命为例,那么无论葡萄牙革命[18]或土耳其革命[19],当然都应该算是资产阶级革命。但是无论前者或后者,都不是"人民"革命,因为人民群众,人民的大多数,在这两次革命中都没有很积极地、独立地起来斗争,都没有明显地提出自己的经济要求和政治要求。反之,1905 — 1907 年的俄国资产阶级革命,虽然没有取得像葡萄牙革命和土耳其革命某些时候得到的那些"辉煌"成绩,但无疑是一次"真正的人民"革命,因为人民群众,人民的大多数,惨遭压迫和剥削的社会最"底层",曾经独立奋起,给整个革命进程打上了自己的烙印:提出了**自己的**要求,**自己**尝试着按照自己的方式建立新社会来代替正被破坏的旧社会。

1871 年,欧洲大陆上任何一个国家的无产阶级都没有占人民的大多数。当时只有把无产阶级和农民都包括进来的革命,才能成为真正把大多数吸引到运动中来的"人民"革命。当时的"人民"就是由这两个阶级构成的。这两个阶级因为都受"官僚军事国家机器"的压迫、摧残和剥削而联合起来。**打碎**这个机器,**摧毁**这个机器,——这就是"人民",人民的大多数,即工人和大多数农民的真正利益,这就是贫苦农民同无产者自由联盟的"先决条件",而没有这个联盟,民主就不稳固,社会主义改造就没有可能。

大家知道,巴黎公社曾力求为自己开辟实现这个联盟的道路,但是,由于许多内部和外部的原因,没有达到目的。

所以马克思在谈到"真正的人民革命"时,极严格地估计到了1871 年欧洲大陆上多数国家中实际的阶级对比关系,但他丝毫没有忘记小资产阶级的特点(关于这些特点,他说得很多而且常常说)。另一方面,他又确认,"打碎"国家机器是工人和农民双方的利益所要求的,这个要求使他们联合起来,在他们面前提出了铲除"寄生物"、用一种新东西来代替的共同任务。

究竟用什么东西来代替呢?

## 2. 用什么东西来代替被打碎的国家机器呢?

1847 年,马克思在《共产党宣言》中对这个问题的回答还十分抽象,确切些说,只是指出了任务,而没有指出解决任务的方法。以"无产阶级组织成为统治阶级"来代替,以"争得民主"来代替,这就是《共产党宣言》的回答。①

无产阶级组织成为统治阶级会采取什么样的具体形式,究竟怎样才能组织得同最完全最彻底地"争得民主"这点相适应,对于这个问题,马克思并没有陷于空想,而是期待群众运动的**经验**来解答。

马克思在《法兰西内战》一书中对公社的经验(尽管经验很少)作了极仔细的分析。现在我们把该书中最重要的地方摘录下来:

> 起源于中世纪的"中央集权的国家政权连同其遍布各地的机关,即常备军、警察局、官僚机构、教会和法院",在19 世纪发展起来了。随着资本和劳动之间阶级对抗的发展,"国家政权在性质上也越来越变成了压迫劳动的公共权力,变成了阶级统治的机器。每经过一场标志着阶级斗争前进一步的革命以后,国家政权的纯粹压迫性质就暴露得更加突出"。在 1848—1849 年革命以后,国家政权就成为

---

① 参看《马克思恩格斯选集》第 3 版第 1 卷第 421 页。——编者注

"资本对劳动作战的全国性武器"。第二帝国把这种情况固定下来了。

"帝国的直接对立物就是公社。""公社正是""一个不但取代阶级统治的君主制形式、而且取代阶级统治本身的共和国的""毫不含糊的形式"。……

无产阶级社会主义共和国的这个"毫不含糊的"形式究竟是怎样的呢？它已开始建立的国家是怎样的呢？

"……公社的第一个法令就是废除常备军而代之以武装的人民。……"

现在一切愿意以社会党自命的政党的纲领中都载有这个要求。但是它们的纲领究竟有什么价值，这从我国社会革命党人和孟什维克的行径中看得最清楚，因为他们恰巧是在2月27日革命以后就已在实际上拒绝实现这个要求！

"公社是由巴黎各区通过普选选出的市政委员组成的。这些委员对选民负责，随时可以撤换。其中大多数自然都是工人或公认的工人阶级代表。……

……警察不再是中央政府的工具，他们立刻被免除了政治职能，而变为公社的承担责任的、随时可以撤换的工作人员。其他各行政部门的官员也是一样。从公社委员起，自上至下一切公职人员，都只能领取相当于**工人工资**的报酬。从前国家的高官显宦所享有的一切特权以及公务津贴，都随着这些人物本身的消失而消失了。……公社在铲除了常备军和警察这两支旧政府手中的物质力量以后，便急切地着手摧毁作为压迫工具的精神力量，即僧侣势力…… 法官的虚假的独立性被取消……今后均由选举产生,对选民负责,并且可以撤换。……"①

由此可见,公社用来代替被打碎的国家机器的,似乎"仅仅"是更完全的民主:废除常备军,一切公职人员完全由选举产生并完全可以撤换。但是这个"仅仅",事实上意味着两类根本不同的机构的大更替。在这里恰巧看到了一个"量转化为质"的例子:民主实行到一般所能想象的最完全最彻底的程度,就由资产阶级民主转化成无产阶级民主,即由国家(=对一定阶级的特殊的镇压力量)转化成一种已经不是原来意义上的国家的东西。

镇压资产阶级及其反抗,仍然是必要的。这对公社尤其必要,公社失败的原因之一就是在这方面做得不够坚决。但是实行镇压的机关在这里已经是居民的多数,而不像过去奴隶制、农奴制、雇佣奴隶制时代那样总是居民的少数。既然是人民这个大多数**自己**镇压他们的压迫者,实行镇压的"特殊力量"**也就不需要了!** 国家就在这个意义上**开始消亡**。大多数人可以代替享有特权的少数人(享有特权的官吏、常备军长官)的特殊机构,自己来直接行使这些职能,而国家政权职能的行使愈是全民化,这个国家政权就愈不需要了。

在这方面特别值得注意的是马克思着重指出的公社所采取的一项措施:取消支付给官员的一切公务津贴和一切金钱上的特权,把国家**所有**公职人员的报酬减到"**工人工资**"的水平。这里恰巧最明显地表现出一种**转变**:从资产阶级的民主转变为无产阶级的民主,从压迫者的民主转变为被压迫阶级的民主,从国家这个对一定阶级实行镇压的"**特殊力量**"转变为由大多数人——工人和农

---

① 参看《马克思恩格斯选集》第 3 版第 3 卷第 95—99 页。——编者注

民用**共同的力量**来镇压压迫者。正是在这特别明显的一点上，也许是国家问题的最重要的一点上，人们把马克思的教训忘得最干净！通俗的解释（这种解释多不胜数）是不提这一点的。人们把这一点看做已经过时的"幼稚的东西"，"照例"不讲它，正如基督教徒在获得国教地位以后，把带有民主精神和革命精神的早期基督教的种种"幼稚的东西""忘记了"一样。

降低国家的高官显宦的报酬，看来"不过"是幼稚的原始的民主制度的要求。现代机会主义的"创始人"之一，以前的社会民主主义者爱·伯恩施坦曾不止一次地重复资产阶级那种嘲笑"原始的"民主制度的庸俗做法。他同一切机会主义者一样，同现在的考茨基主义者一样，完全不懂得：第一，如果不在某种程度上"返回"到"原始的"民主制度，从资本主义过渡到社会主义**是不可能的**（因为，不这样做，怎么能够过渡到由大多数居民以至全体居民行使国家职能呢？）；第二，以资本主义和资本主义文化为基础的"原始民主制度"同原始时代或资本主义以前时代的原始民主制度是不一样的。资本主义文化**创立了**大生产——工厂、铁路、邮政、电话等等，**在这个基础上**，旧的"国家政权"的大多数职能已经变得极其简单，已经可以简化为登记、记录、检查这样一些极其简单的手续，以致每一个识字的人都完全能够胜任这些职能，行使这些职能只须付给普通的"工人工资"，并且可以（也应当）把这些职能中任何特权制、"长官制"的痕迹铲除干净。

一切公职人员毫无例外地完全由选举产生并可以**随时撤换**，把他们的报酬减到普通的"工人工资"的水平，这些简单的和"不言而喻"的民主措施使工人和大多数农民的利益完全一致起来，同时成为从资本主义通向社会主义的桥梁。这些措施关系到对社会进行的国家的即纯政治的改造,但是这些措施自然只有同正在实行或正在准备实行的"剥夺剥夺者"联系起来,也就是同变生产资料资本主义私有制为公有制联系起来,才会显示出全部意义和作用。

马克思写道:"公社实现了所有资产阶级革命都提出的廉价政府这一口号,因为它取消了两个最大的开支项目,即军队和国家官吏。"①

农民同小资产阶级其他阶层一样,他们当中只有极少数人能够"上升",能够"出人头地"(从资产阶级的意义来说),即变成富人,变成资产者,或者变成生活富裕和享有特权的官吏。在任何一个有农民的资本主义国家(这样的资本主义国家占大多数),大多数农民是受政府压迫而渴望推翻这个政府、渴望有一个"廉价"政府的。能够实现这一要求的**只有**无产阶级,而无产阶级实现了这一要求,也就是向国家的社会主义改造迈进了一步。

# 3. 取消议会制

马克思写道:"公社是一个实干的而不是议会式的机构,它既是行政机关,同时也是立法机关。……

……普选制不是为了每三年或六年决定一次由统治阶级中什么人在议会里代表和镇压(ver-und zertreten)人民,而是为了服务于组织在公社里的人民,正如个人选择权服务于任

---

① 参看《马克思恩格斯选集》第 3 版第 3 卷第 101 页。——编者注

何一个为自己企业招雇工人、监工和会计的雇主一样。"①

由于社会沙文主义和机会主义占了统治地位,这个在 1871 年对议会制提出的精彩的批评,现在也属于马克思主义中"被忘记的言论"之列。部长和职业议员们,现今的无产阶级叛徒和"专讲实利的"社会党人,把批评议会制完全让给无政府主义者去做,又**根据**这个非常正当的理由宣布,对议会制的**任何**批评都是"无政府主义"!! 难怪"先进的"议会制国家的无产阶级一看到谢德曼、大卫、列金、桑巴、列诺得尔、韩德逊、王德威尔得、斯陶宁格、布兰亭、比索拉蒂之流的"社会党人"就产生恶感,而日益同情无政府工团主义,尽管无政府工团主义是机会主义的同胞兄弟。

但是,马克思从来没有像普列汉诺夫和考茨基等人那样,把革命的辩证法看做是一种时髦的空谈或动听的辞藻。马克思善于无情地摒弃无政府主义,鄙视它甚至不会利用资产阶级议会这个"畜圈",特别是在显然不具备革命形势的时候,但同时马克思又善于给议会制一种真正革命无产阶级的批评。

每隔几年决定一次由统治阶级中什么人在议会里镇压人民、压迫人民,——这就是资产阶级议会制的真正本质,不仅在议会制的立宪君主国内是这样,而且在最民主的共和国内也是这样。

但是,如果提出国家问题,如果把议会看做国家的一种机构,从无产阶级在**这**方面的任务的角度加以考察,那么摆脱议会制的出路何在呢? 怎样才可以不要议会制呢?

我们不得不一再指出,马克思从研究公社得出的教训竟被忘得这样干净,以致对议会制的批评,除了无政府主义的或反动的批

---

① 参看《马克思恩格斯选集》第 3 版第 3 卷第 98、100 页。——编者注

评,任何其他的批评都简直为现代的"社会民主党人"(应读做:现代的社会主义叛徒)所不知道了。

摆脱议会制的出路,当然不在于取消代表机构和选举制,而在于把代表机构由清谈馆变为"实干的"机构。"公社是一个实干的而不是议会式的机构,它既是行政机关,同时也是立法机关。"

"是一个实干的而不是议会式的"机构,这正好击中了现代的议员和社会民主党的议会"哈巴狗"的要害! 请看一看任何一个议会制的国家,从美国到瑞士,从法国到英国和挪威等等,那里真正的"国家"工作是在幕后做的,是由各部、官厅和司令部进行的。议会专门为了愚弄"老百姓"而从事空谈。这是千真万确的事实,甚至在俄罗斯共和国这个资产阶级民主共和国里,在还没有来得及建立真正的议会以前,议会制的所有这些弊病就已经显露出来了。带有腐朽的市侩习气的英雄们,如斯柯别列夫和策列铁里之流,切尔诺夫和阿夫克森齐耶夫之流,竟把苏维埃糟蹋成最卑鄙的资产阶级的议会,把它变成了清谈馆。在苏维埃里,"社会党人"部长先生们用空谈和决议来愚弄轻信的农民。在政府里,不断地更换角色,一方面为的是依次让更多的社会革命党人和孟什维克尝尝高官厚禄的"甜头",另一方面为的是"转移"人民的"视线"。而在官厅里,在司令部里,却在"干着""国家"工作!

执政的"社会革命党"的机关报《人民事业报》[20]不久以前在一篇社论中,用"大家"都以政治卖淫为业的"上流社会"中的人物的无比坦率的口吻自供说,甚至在"社会党人"(请原谅我用这个名词!)主管的各部中,整个官吏机构实际上还是旧的,还在按旧的方式行使职权,十分"自由地"暗中破坏革命的创举! 即使没有这个自供,社会革命党人和孟什维克参加政府的实际情况不也证明了这一点吗？这里值得注意的只是，同立宪民主党人一起待在官场里的切尔诺夫、鲁萨诺夫、晋季诺夫之流以及《人民事业报》的其他编辑先生，是这样的不知羞耻，竟满不在乎地在公众面前像谈小事情一样厚着脸皮说，在"他们的"各部中一切照旧！！革命民主的词句是用来愚弄乡下佬的，官吏的官厅的拖拉作风则是为了博得资本家的"欢心"，这就是"真诚"联合的**实质**。

在公社用来代替资产阶级社会贪污腐败的议会的那些机构中，发表意见和讨论的自由不会流为骗局，因为议员必须亲自工作，亲自执行自己通过的法律，亲自检查实际执行的结果，亲自对自己的选民直接负责。代表机构仍然存在，然而议会制这种特殊的制度，这种立法和行政的分工，这种议员们享有的特权地位，在**这里是不存在的**。没有代表机构，我们不可能想象什么民主，即使是无产阶级民主；而没有议会制，我们却能够想象和**应该**想象，除非我们对资产阶级社会的批评是空谈，除非推翻资产阶级统治的愿望不是我们真正的和真诚的愿望，而是像孟什维克和社会革命党人，像谢德曼、列金、桑巴、王德威尔得之流的那种骗取工人选票的"竞选"词句。

非常有教益的是：马克思在谈到既为公社需要、又为无产阶级民主需要的**那种**官吏的职能时，拿"任何一个雇主"招雇的人员来作比喻，即拿招雇"工人、监工和会计"的普通资本主义企业来作比喻。

马克思没有丝毫的空想主义，就是说，他没有虚构和幻想"新"社会。相反，他把**从**旧社会**诞生**新社会的过程、从前者进到后者的过渡形式，作为一个自然历史过程来研究。他以无产阶级群众运动的实际经验为依据，竭力从这个经验中取得实际教训。

他向公社"学习",就像一切伟大的革命思想家不怕向被压迫阶级的伟大运动的经验学习而从来不对这些运动作学究式的"训诫"（像普列汉诺夫说"本来就用不着拿起武器",或者像策列铁里说"阶级应当自己约束自己"）一样。

要一下子、普遍地、彻底地取消官吏,是谈不到的。这是空想。但是一下子**打碎**旧的官吏机器,立刻开始建立一个新的机器来逐步取消任何官吏,这并**不是**空想,这是公社的经验,这是革命无产阶级当前的直接任务。

资本主义使"国家"管理的职能简化了,使我们有可能抛弃"长官职能",把全部问题归结为无产者组织起来（成为统治阶级）以全社会名义招雇"工人、监工和会计"。

我们不是空想主义者。我们并不"幻想"**一下子**就可以不要任何管理,不要任何服从;这种由于不懂得无产阶级专政的任务而产生的无政府主义幻想,与马克思主义根本不相容,实际上只会把社会主义革命拖延到人们变成另一种人的时候。我们不是这样,我们希望由现在的人来实行社会主义革命,而现在的人没有服从、没有监督、没有"监工和会计"是不行的。

但是所需要的服从,是对一切被剥削劳动者的武装先锋队——无产阶级的服从。国家官吏的特殊"长官职能"可以并且应该立即开始、在一天之内就开始用"监工和会计"的简单职能来代替,这些职能现在只要有一般市民的水平就完全能够胜任,行使这些职能只须付给"工人工资"就完全可以了。

我们工人**自己**将以资本主义创造的成果为基础,依靠自己的工人的经验,建立由武装工人的国家政权维护的最严格的铁的纪律,来组织大生产,把国家官吏变成我们的委托的简单执行者,变成对选民负责的、可以撤换的、领取微薄报酬的"监工和会计"(当然还要用各式各样的和各种等级的技术人员),——这就是**我们**无产阶级的任务,无产阶级革命实现时就可以而且应该从这里**开始**做起。在大生产的基础上,这个开端自然会导致任何官吏逐渐"消亡",使一种不带引号的、与雇佣奴隶制不同的秩序逐渐建立起来,在这种秩序下,日益简化的监督职能和填制表报的职能将由所有的人轮流行使,然后将成为一种习惯,最后就不再成其为特殊阶层的**特殊**职能了。

19 世纪 70 年代,有一位聪明的德国社会民主党人认为**邮政**是社会主义经济的模型。这是非常正确的。目前邮政是按国家**资本主义**垄断组织的样式组成的一种经济。帝国主义逐渐把所有托拉斯都变为这种样式的组织。这里压在那些工作繁重、忍饥挨饿的"粗笨的"劳动者头上的仍然是那个资产阶级的官僚机构。但是管理社会事务的机构在这里已经准备好了。只要推翻资本家,用武装工人的铁拳粉碎这些剥削者的反抗,摧毁现代国家的官僚机器,我们就会有一个除掉了"寄生物"而技术装备程度很高的机构,这个机构完全可以由已经联合起来的工人自己使用,招雇一些技术人员、监工和会计,对**所有**这些人的工作如同对**所有**"国家"官吏的工作一样,付给工人的工资。这就是在对待一切托拉斯方面具体、实际而且立即可行的任务,它使劳动者免除剥削,并考虑到了实际上已经由公社开始了的尝试(特别是在国家建设方面)。

把**整个**国民经济组织得像邮政一样,做到在武装的无产阶级的监督和领导下使技术人员、监工和会计,如同**所有**公职人员一样,都领取不超过"工人工资"的报酬,这就是我们最近的目标。这样的国家,在这样的经济基础上的国家,才是我们所需要的。这样才能取消议会制而保留代表机构,这样才能使劳动阶级的这些机构免除资产阶级的糟蹋。

# 4. 组织起民族的统一

"……在公社没有来得及进一步加以发挥的全国组织纲要上说得十分清楚,公社将成为甚至最小村落的政治形式……" 巴黎的"国民代表会议"也应当由各个公社选举出来。

"……仍须留待中央政府履行的为数不多但很重要的职能,则不会像有人故意胡说的那样加以废除,而应该交给公社的官吏,即交给那些严格负责的官吏。

民族的统一不是应该破坏,相反地应该借助于公社制度组织起来,应该通过这样的办法来实现,即消灭以民族统一的体现者自居同时却脱离民族、凌驾于民族之上的国家政权,这个国家政权只不过是民族躯体上的寄生赘瘤。旧政府权力的纯属压迫性质的机关予以铲除,而旧政府权力的合理职能则从僭越和凌驾于社会之上的当局那里夺取过来,归还给社会的负责的公仆。"①

叛徒伯恩施坦所著的有赫罗斯特拉特[21]名声的《社会主义的前提和社会民主党的任务》一书,再清楚不过地表明现代社会民主党内的机会主义者是多么不理解,或者更确切些说,是多么不愿

---

① 参看《马克思恩格斯选集》第 3 版第 3 卷第 99—100 页。——编者注

意理解马克思的这些论述。伯恩施坦正是在谈到马克思的上述这些话时写道：这个纲领"就其政治内容来说，在一切要点上都十分类似蒲鲁东主张的联邦制……　尽管马克思和'小资产者'蒲鲁东〈伯恩施坦把"小资产者"这几个字放在引号内，想必他是表示讽刺〉之间有其他种种分歧，可是在这几点上，他们的思路是再接近不过的"。伯恩施坦接着又说：自然，地方自治机关的意义在增长，但是"民主的第一个任务是不是就像马克思和蒲鲁东所想象的那样是废除〈Auflösung——直译是解散、融解〉现代国家和完全改变〈Umwandlung——变革〉其组织（由各省或各州的会议选出代表组织全国会议，而各省或各州的会议则由各公社选出代表组成），从而使全国代表机关的整个旧形式完全消失，对此我是有怀疑的"。（伯恩施坦《前提》1899 年德文版第 134 页和第 136 页）

把马克思关于"消灭国家政权——寄生物"的观点同蒲鲁东的联邦制混为一谈，这简直是骇人听闻的事！但这不是偶然的，因为机会主义者从来没有想到，马克思在这里谈的根本不是同集中制对立的联邦制，而是要打碎在一切资产阶级国家里都存在的旧的资产阶级的国家机器。

机会主义者所想到的，只是在自己周围、在充满市侩的庸俗习气和"改良主义的"停滞现象的环境中他所看到的东西，即只是"地方自治机关"！至于无产阶级革命，机会主义者连想都不会去想了。

这是很可笑的。但值得注意的是，在这一点上竟没有人同伯恩施坦进行过争论。许多人都曾驳斥过伯恩施坦，特别是俄国著作界的普列汉诺夫和欧洲著作界的考茨基，但是，无论前者或后者都**没有**谈到伯恩施坦对马克思的**这一**歪曲。

机会主义者根本不会革命地思考,根本不会思考革命,他们竟把"联邦制"强加在马克思头上,把他同无政府主义的始祖蒲鲁东混为一谈。而想成为正统派马克思主义者、想捍卫革命的马克思主义学说的考茨基和普列汉诺夫却对此默不做声!这就是考茨基主义者和机会主义者极端庸俗地认识马克思主义同无政府主义的区别的根源之一。关于这种庸俗的观点,我们以后还要讲到。

在上述的马克思关于公社经验的论述中根本没有一点联邦制的痕迹。马克思和蒲鲁东相同的地方,恰巧是机会主义者伯恩施坦看不到的。而马克思和蒲鲁东不同的地方,恰巧是伯恩施坦认为相同的。

马克思和蒲鲁东相同的地方,就在于他们两人都主张"打碎"现代国家机器。马克思主义同无政府主义(不管是蒲鲁东或巴枯宁)这一相同的地方,无论机会主义者或考茨基主义者都不愿意看见,因为他们在这一点上离开了马克思主义。

马克思同蒲鲁东和巴枯宁不同的地方,恰巧就在联邦制问题上(更不用说无产阶级专政的问题了)。联邦制在原则上是从无政府主义的小资产阶级观点产生出来的。马克思是主张集中制的。在他上述的论述中,丝毫也没有离开集中制。只有对国家充满市侩"迷信"的人们,才会把消灭资产阶级国家机器看成是消灭集中制!

无产阶级和贫苦农民把国家政权掌握在自己手中,十分自由地按公社体制组织起来,把所有公社的行动**统一**起来去打击资本,粉碎资本家的反抗,把铁路、工厂、土地以及其他私有财产交给**整个民族、整个社会**,难道这不是集中制吗?难道这不是最彻底的民主集中制、而且是无产阶级的集中制吗?

伯恩施坦根本不会想到可能有自愿的集中制,可能使各公社自愿统一为一个民族,可能使无产阶级的公社在破坏资产阶级统治和资产阶级国家机器的事业中自愿融合在一起。伯恩施坦同其他所有的庸人一样,以为集中制是只能从上面、只能由官吏和军阀强迫实行和维持的东西。

马克思似乎预料到会有人歪曲他的这些观点,所以特意着重指出,如果非难公社要破坏民族的统一、废除中央政权,那就是故意捏造。马克思特意使用"组织起民族的统一"这样的说法,以便提出自觉的、民主的、无产阶级的集中制来同资产阶级的、军阀的、官吏的集中制相对立。

但是……充耳不闻比聋子还糟。现代社会民主党内的机会主义者正是充耳不闻消灭国家政权、铲除寄生物这样的话。

# 5. 消灭寄生物——国家

我们已经引用了马克思有关的言论,现在还应当补充几段。

马克思写道:"……全新的历史创举都要遭到被误解的命运,即只要这种创举与旧的、甚至已经死亡的社会生活形式可能有某些相似之处,它就会被误认为是那些社会生活形式的翻版。所以,这个新的、摧毁〈bricht——打碎〉了现代国家政权的公社,就恰恰被误认为是……中世纪公社的再现。……是……许多小邦的联盟〈孟德斯鸠,吉伦特派[22]〉……是反对过分集权这一古老斗争的被夸张了的形式。……

……公社制度会把靠社会供养而又阻碍社会自由发展的'国家'这个寄生赘瘤迄今所夺去的一切力量，归还给社会机体。仅此一举就会把法国的复兴推动起来。……

……公社制度是把农村的生产者置于他们所在地区中心城市的精神指导之下，使他们在中心城市有工人作为他们利益的天然代表者。公社的存在本身自然而然会带来地方自治，但这种地方自治已经不是用来牵制现在已被取代的国家政权的东西了。"①

"消灭国家政权"这个"寄生赘瘤"，"铲除"它，"破坏"它；"国家政权现在已被取代"，——这就是马克思评价和分析公社的经验时在国家问题上使用的说法。

所有这些都是在将近半世纪以前写的，现在必须把这些话发掘出来，使广大群众能够认识马克思主义的本来面目。马克思观察了他经历的最后一次大革命之后作出的结论，恰巧在新的无产阶级大革命时代到来的时候被人忘记了。

"……人们对公社有多种多样的解释，多种多样的人把公社看成自己利益的代表者，这证明公社是一个高度灵活的政治形式，而一切旧有的政府形式都具有非常突出的压迫性。公社的真正秘密就在于：它实质上是**工人阶级的政府**，是生产者阶级同占有者阶级斗争的产物，是终于发现的可以使劳动在经济上获得解放的政治形式。

如果没有最后这个条件，公社制度就没有存在的可能，就

---

① 参看《马克思恩格斯选集》第 3 版第 3 卷第 100—101 页。——编者注

是欺人之谈。……"①

空想主义者致力于"发现"可以对社会进行社会主义改造的各种政治形式。无政府主义者根本不考虑政治形式问题。现代社会民主党内的机会主义者则把议会制民主国家的资产阶级政治形式当做不可逾越的极限，对这个"典范"崇拜得五体投地，宣布**摧毁**这些形式的任何意图都是无政府主义。

马克思从社会主义和政治斗争的全部历史中得出结论：国家一定会消失；国家消失的过渡形式（从国家到非国家的过渡），将是"组织成为统治阶级的无产阶级"。但是，马克思并没有去**发现**这个未来的政治**形式**。他只是对法国历史作了精确的观察，对它进行了分析，得出了 1851 年所导致的结论：事情已到了**破坏**资产阶级的国家机器的地步。

当无产阶级的群众革命运动已经爆发的时候，马克思就来研究这个运动究竟**发现了**什么样的形式，虽然这个运动遭到了挫折，虽然这个运动为期很短而且有显著的弱点。

公社就是无产阶级革命"终于发现的"可以使劳动在经济上获得解放的形式。

公社就是无产阶级革命**打碎**资产阶级国家机器的第一次尝试和"终于发现的"、可以而且应该用来**代替**已被打碎的国家机器的政治形式。

我们往下就会看到，俄国 1905 年革命和 1917 年革命在另一个环境和另一种条件下继续着公社的事业，证实着马克思这种天才的历史的分析。

---

① 参看《马克思恩格斯选集》第 3 版第 3 卷第 101—102 页。——编者注

# 第 四 章

# 续前。恩格斯的补充说明

马克思对公社经验的意义问题指出了基本的要点。恩格斯不止一次地谈到这个问题,说明马克思的分析和结论,并且有时非常有力非常突出地阐明这个问题的**其他**方面,因此我们必须特别来谈谈这些说明。

## 1.《住宅问题》

恩格斯在他论住宅问题的著作(1872 年)①中,已经考虑到了公社的经验,几次谈到了革命在对待国家方面的任务。很有意思的是,他在谈到这个具体问题时,一方面明显地说明了无产阶级国家同现今的国家相似的地方,根据这些相似的地方我们可以把两者都称为国家;另一方面又明显地说明了两者不同的地方,或者说,说明了向消灭国家的过渡。

---

① 见《马克思恩格斯选集》第 3 版第 3 卷第 179—273 页。——编者注

"那么怎样解决住宅问题呢？在现代社会里,这个问题同其他一切社会问题的解决办法是完全一样的,这就是靠经济上供求的逐渐均衡来加以解决。这样解决了之后,问题又会不断产生,所以也就等于没有解决。社会革命将怎样解决这个问题呢？这不仅要以当时的情况为转移,而且也同一些意义深远的问题有关,其中最重要的问题之一就是消灭城乡对立。既然我们不必为构建未来社会臆造种种空想方案,探讨这个问题也就是完全多余的了。但有一点是肯定的,现在各大城市中有足够的住房,只要合理使用,就可以立即解决现实的住房**短缺**问题。当然,要实现这一点,就必须剥夺现在的房主,或者让没有房子住或现在住得很挤的工人搬进这些房主的房子中去住。只要无产阶级取得了政权,这种具有公共福利形式的措施就会像现代国家剥夺其他东西和征用民宅那样容易实现了。"

(1887年德文版第22页)①

这里没有考察国家政权形式的改变,只谈到国家政权活动的内容。剥夺和占据住宅是根据现今国家的命令进行的。无产阶级的国家,从形式上来讲,也会"下令"占据住宅和剥夺房屋。但是很明显,旧的执行机构,即同资产阶级相联系的官吏机构,是根本不能用来执行无产阶级国家的命令的。

"……必须指出,由劳动人民实际占有全部劳动工具和拥有全部工业,是同蒲鲁东主义**23**的'赎买'完全相反的。如果采用后一种办法,单个劳动者将成为住房、农民田园、劳动

---

① 参看《马克思恩格斯选集》第3版第3卷第205—206页。——编者注

工具的所有者;如果采用前一种办法,则'劳动人民'将成为房屋、工厂和劳动工具的总所有者。这些房屋、工厂等等,至少在过渡时期难以无偿地转让给个人或协作社。同样,消灭地产并不要求消灭地租,而是要求把地租——虽然形式发生变化——转交给社会。所以,由劳动人民实际占有全部劳动工具,决不排除保存租赁关系。"(第 68 页)①

我们在下一章将要考察在这段论述中触及的问题,即关于国家消亡的经济基础的问题。恩格斯非常谨慎,他说无产阶级国家"至少在过渡时期难以"免费分配住宅。把属于全民的住宅租给单个家庭就既要征收租金,又要实行一定的监督,还要规定分配住宅的某种标准。这一切都需要有一定的国家形式,但决不需要那种公职人员享有特权地位的特殊的军事和官僚机构。至于过渡到免费分配住宅,那是与国家的完全"消亡"联系着的。

恩格斯谈到布朗基主义者**24**在公社以后因受到公社经验的影响而转到马克思主义的原则立场上的时候,曾顺便把这个立场表述如下:

"……无产阶级必须采取政治行动,必须把实行无产阶级专政作为达到废除阶级并和阶级一起废除国家的过渡……"(第 55 页)②

一些喜欢咬文嚼字的批评家或者"从事剿灭马克思主义"的资产阶级分子大概以为,在这里**承认**"废除国家",在上述《反杜林论》的一段论述中又把这个公式当做无政府主义的公式加以否

---

① 参看《马克思恩格斯选集》第 3 版第 3 卷第 267 页。——编者注
② 同上,第 248 页。——编者注

定,是矛盾的。如果机会主义者把恩格斯也算做"无政府主义者",那并没有什么奇怪,因为社会沙文主义者给国际主义者加上无政府主义的罪名现在是愈来愈时行了。

国家会随着阶级的废除而废除,马克思主义向来就是这样教导我们的。《反杜林论》的那段人所共知的关于"国家消亡"的论述,并不是简单地斥责无政府主义者主张废除国家,而是斥责他们鼓吹可以"在一天之内"废除国家。

现在占统治地位的"社会民主主义"学说把马克思主义在消灭国家问题上对无政府主义的态度完全歪曲了,因此我们来回忆一下马克思和恩格斯同无政府主义者的一次论战,是特别有益的。

## 2. 同无政府主义者的论战

这次论战发生在 1873 年。马克思和恩格斯曾经把驳斥蒲鲁东主义者即"自治论者"或"反权威主义者"的文章[25]寄给意大利的一个社会主义文集。这些文章在 1913 年才译成德文发表在《新时代》杂志上。

马克思讥笑无政府主义者否认政治时写道:"……如果工人阶级的政治斗争采取暴力的形式,如果工人建立起自己的革命专政来代替资产阶级专政,那他们就犯了违反原则的滔天大罪,因为工人为了满足自己低微的平凡的日常需要,为了粉碎资产阶级的反抗,竟不放下武器,不废除国家,而赋予国家以一种革命的暂时的形式。……"(《新时代》杂志第 32

年卷(1913—1914)第 1 册第 40 页)①

请看,马克思在驳斥无政府主义者时,仅仅是反对这样地"废除"国家！马克思完全不是反对国家将随阶级的消失而消失,或国家将随阶级的废除而废除,而是反对要工人拒绝使用武器,拒绝使用有组织的暴力,**即拒绝**使用应为"粉碎资产阶级的反抗"这一目的服务的**国家**。

马克思故意着重指出无产阶级所必需的国家具有"革命的**暂时的形式**",以免人们歪曲他同无政府主义斗争的真正意思。无产阶级需要国家只是暂时的。在废除国家是**目的**这个问题上,我们和无政府主义者完全没有分歧。我们所断言的是,为了达到这个目的,就必须暂时利用国家权力的工具、手段、方法去**反对**剥削者,正如为了消灭阶级,就必须实行被压迫阶级的暂时专政一样。马克思在驳斥无政府主义者时,把问题提得非常尖锐,非常明确:工人在推翻资本家的压迫时,应当"放下武器"呢,还是应当利用它来反对资本家以粉碎他们的反抗？一个阶级有系统地利用武器反对另一个阶级,这不是国家的"暂时的形式"又是什么呢？

每一个社会民主党人都应该问问自己:他在同无政府主义者论战时是**这样**提出国家问题的吗？第二国际大多数正式的社会党是**这样**提出国家问题的吗？

恩格斯更加详尽更加通俗地阐明了这同一个思想。他首先讥笑了蒲鲁东主义者的糊涂观念,讥笑他们把自己称为"反权威主义者",也就是否认任何权威、任何服从、任何权力。恩格斯说,试拿工厂、铁路、在汪洋大海上航行的轮船来说吧,这是一些使用机

① 见《马克思恩格斯选集》第 3 版第 3 卷第 279 页。——编者注

器的、很多人有计划地共同工作的复杂技术设施,如果没有一定的服从,因而没有一定的权威或权力,那就没有一样能够开动起来,这难道还不明显吗?

恩格斯写道:"……如果我拿这种论据来反对最顽固的反权威主义者,那他们就只能给我如下的回答:'是的!这是对的,但是这里所说的并不是我们赋予我们的代表以某种权威,**而是某种委托**。'这些先生以为,只要改变一下某一事物的名称,就可以改变这一事物本身。……"①

恩格斯指出,权威和自治都是相对的概念,它们的应用范围是随着社会发展阶段的不同而改变的,把它们看做绝对的东西是荒谬的;并且补充说,使用机器和大规模生产的范围在日益扩大。然后恩格斯从权威问题的一般论述转到国家问题。

他写道:"……如果自治论者仅仅是想说,未来的社会组织将只在生产条件所必然要求的限度内允许权威存在,那也许还可以同他们说得通。但是,他们闭眼不看使权威成为必要的种种事实,只是拼命反对字眼。

为什么反权威主义者不只限于高喊反对政治权威,反对国家呢?所有的社会主义者都认为,国家以及政治权威将由于未来的社会革命而消失,这就是说,社会职能将失去其政治性质,而变为维护真正社会利益的简单的管理职能。但是,反权威主义者却要求在产生政治国家的各种社会条件消除以前,一举把政治国家废除。他们要求把废除权威作为社会革命的第一个行动。

---

①　见《马克思恩格斯选集》第 3 版第 3 卷第 276 页。——编者注

这些先生见过革命没有？革命无疑是天下最权威的东西。革命就是一部分人用枪杆、刺刀、大炮，即用非常权威的手段强迫另一部分人接受自己的意志。获得胜利的政党迫于必要，不得不凭借它以武器对反动派造成的恐惧，来维持自己的统治。要是巴黎公社面对资产者没有运用武装人民这个权威，它能支持哪怕一天吗？反过来说，难道我们没有理由责备公社把这个权威用得太少了吗？总之，二者必居其一。或者是反权威主义者自己不知所云，如果是这样，那他们只是在散布糊涂观念；或者他们是知道的，如果是这样，那他们就背叛了无产阶级的事业。在这两种情况下，他们都只是为反动派效劳。"（第39页）①

在这些论述中涉及了在考察国家消亡时期的政治与经济的相互关系（下一章要专门论述这个问题）时应该考察的问题。那就是关于社会职能由政治职能变为简单管理职能的问题和关于"政治国家"的问题。后面这个说法（它特别容易引起误会）指出了国家消亡有一个过程：正在消亡的国家在它消亡的一定阶段，可以叫做非政治国家。

恩格斯这些论述中最精彩的地方，仍然是他用来反驳无政府主义者的问题提法。愿意做恩格斯的学生的社会民主党人，从1873年以来同无政府主义者争论过无数次，但他们在争论时所采取的态度，恰巧**不是**马克思主义者可以而且应该采取的。无政府主义者关于废除国家的观念是糊涂的，而且是**不革命的**，恩格斯就是这样提问题的。无政府主义者不愿看见的，正是革命的产生和

---

① 参看《马克思恩格斯选集》第3版第3卷第277页。——编者注

发展,正是革命在对待暴力、权威、政权、国家方面的特殊任务。

现代社会民主党人通常对无政府主义的批评,可以归结为一种十足的市侩式的庸俗论调:"我们承认国家,而无政府主义者不承认!"这样的庸俗论调自然不能不使那些稍有头脑的革命的工人感到厌恶。恩格斯就不是这样谈问题的。他着重指出,所有的社会主义者都承认国家的消失是社会主义革命的结果。然后他具体地提出革命的问题,这个问题恰巧是机会主义的社会民主党人通常避而不谈而可以说是把它留给无政府主义者去专门"研究"的。恩格斯一提出这个问题就抓住了关键:公社难道不应该**更多地**运用**国家**即武装起来并组织成为统治阶级的无产阶级这个**革命政权**吗?

现在占统治地位的正式的社会民主党,对于无产阶级在革命中的具体任务问题,通常是简单地用庸人的讥笑来敷衍,至多也不过是含糊地用诡辩来搪塞,说什么"将来再看吧"。因此无政府主义者有权责备这样的社会民主党,责备他们背弃了对工人进行革命教育的任务。恩格斯运用最近这次无产阶级革命的经验,正是为了十分具体地研究一下无产阶级无论在对待银行方面还是在对待国家方面应该做什么和怎样做。

# 3. 给倍倍尔的信

恩格斯在 1875 年 3 月 18—28 日给倍倍尔的信中有下面这样一段话,这段话在马克思和恩格斯关于国家问题的著作中,如果不算是最精彩的论述,也得算是最精彩的论述之一。附带说一下,据我们所知,倍倍尔第一次发表这封信是在他 1911 年出版的回忆录(《我的一生》)第 2 卷里,也就是在恩格斯写好并发出这封信的 36 年之后。

恩格斯在给倍倍尔的信里批判了也被马克思在给白拉克的有名的信里批判过的哥达纲领草案,并且特别谈到了国家问题,他写道:

"……自由的人民国家变成了自由国家。从字面上看,自由国家就是可以自由对待本国公民的国家,即具有专制政府的国家。应当抛弃这一切关于国家的废话,特别是出现了已经不是原来意义上的国家的巴黎公社以后。无政府主义者用'人民国家'这个名词把我们挖苦得很够了,虽然马克思驳斥蒲鲁东的著作**26**和后来的《共产主义宣言》①都已经直接指出,随着社会主义社会制度的建立,国家就会自行解体和消失。既然国家只是在斗争中、在革命中用来对敌人实行暴力镇压的一种暂时的设施,那么,说自由的人民国家,就纯粹是无稽之谈了:当无产阶级还**需要**国家的时候,它需要国家不是为了自由,而是为了镇压自己的敌人,一到有可能谈自由的时候,国家本身就不再存在了。因此,我们建议把**国家**一词全部改成'共同体'(Gemeinwesen),这是一个很好的古德文词,相当于法文的'公社'。"(德文原版第 321—322 页)②

应当指出:这封信是谈党纲的,这个党纲马克思在离这封信仅仅几星期以后的一封信(马克思的信写于 1875 年 5 月 5 日)里曾

---

① 即《共产党宣言》。——编者注
② 参看《马克思恩格斯选集》第 3 版第 3 卷第 348—349 页。——编者注

作过批判;当时恩格斯和马克思一起住在伦敦。因此,恩格斯在最后一句话里用"我们"二字,无疑是以他自己和马克思的名义向德国工人党的领袖建议,把"国家"一词**从党纲中去掉**,用"**共同体**"来代替。

如果向为了迁就机会主义者而伪造出来的现代"马克思主义"的首领们建议这样来修改党纲,那他们该会怎样狂吠,骂这是"无政府主义"啊!

让他们狂吠吧。资产阶级会因此称赞他们的。

我们还是要做我们自己的事情。在修改我们的党纲时,绝对必须考虑恩格斯和马克思的意见,以便更接近真理,以便清除对马克思主义的歪曲而恢复马克思主义,以便更正确地指导工人阶级争取自身解放的斗争。在布尔什维克当中大概不会有人反对恩格斯和马克思的建议。困难也许只是在用词上。德文中有两个词都作"共同体"解释,恩格斯用的那个词**不是**指单个的共同体,而是指共同体的总和即共同体体系。俄文中没有这样一个词,也许只好采用法文中的"公社"一词,虽然这也有它的不足之处。

"巴黎公社已经不是原来意义上的国家",——这是恩格斯在理论上最重要的论断。看了上文以后,这个论断是完全可以理解的。公社已经**不再是**国家了,因为公社所要镇压的不是大多数居民,而是少数居民(剥削者);它已经打碎了资产阶级的国家机器;居民已经自己上台来代替**特殊的**镇压力量。所有这一切都已经不是原来意义上的国家了。如果公社得到巩固,那么公社的国家痕迹就会自行"消亡",它就用不着"废除"国家机构,因为国家机构将无事可做而逐渐失去其作用。

"无政府主义者用'人民国家'这个名词挖苦我们",——恩格斯的这句话首先是指巴枯宁和他对德国社会民主党人的攻击说的。恩格斯认为这种攻击有正确之处,**因为**"人民国家"像"自由的人民国家"一样,都是无稽之谈,都是背离社会主义的。恩格斯竭力纠正德国社会民主党人反对无政府主义者的斗争,使这个斗争在原则上正确,使它摆脱在"国家"问题上的种种机会主义偏见。真可惜!恩格斯的这封信竟被搁置了36年。我们在下面可以看到,即使在这封信发表以后,考茨基实际上还是顽固地重犯恩格斯告诫过的那些错误。

倍倍尔在1875年9月21日写回信给恩格斯,信中也谈到他"完全同意"恩格斯对纲领草案的意见,并说他责备了李卜克内西的让步态度(倍倍尔的回忆录德文版第2卷第334页)。但是把倍倍尔的《我们的目的》这本小册子拿来,我们却可以看到国家问题上一种完全错误的论调:

"国家应当由基于**阶级统治**的国家变成**人民国家**。"(《我们的目的》1886年德文版第14页)

这就是倍倍尔那本小册子**第9版**(第9版!)中的话!难怪德国社会民主党竟听任一些人如此顽固地重复关于国家问题的机会主义论调,特别是在恩格斯所作的革命解释被搁置起来而整个生活环境又长期使人"忘记"革命的时候。


# 4. 对爱尔福特纲领草案的批判


在分析马克思主义的国家学说时,不能不提到恩格斯在1891

年6月29日寄给考茨基而过了10年以后才在《新时代》杂志上发表的对爱尔福特纲领²⁷草案的批判,因为这篇文章主要就是批判社会民主党在**国家**结构问题上的**机会主义**观点的。

顺便指出,恩格斯还对经济问题作了一个非常宝贵的指示,这说明恩格斯是如何细心、如何深刻地考察了现代资本主义的形态的变化,因而他才能在一定程度上预先想到当前帝国主义时代的任务。这个指示是恩格斯由于该纲领草案用"无计划性"这个词来说明资本主义的特征而作的,他写道:

> "……如果我们从股份公司进而来看那支配着和垄断着整个工业部门的托拉斯,那么,那里不仅没有了私人生产,而且也没有了无计划性。"(《新时代》杂志第20年卷(1901——1902)第1册第8页)①

这里抓住了对现代资本主义即帝国主义的理论评价中最主要的东西,即资本主义转化为垄断**资本主义**。后面这四个字必须用黑体加以强调,因为目前最普遍的一种错误就是资产阶级改良主义者所断言的什么垄断资本主义或国家垄断资本主义**已经不**是资本主义,已经可以称为"国家社会主义",如此等等。完全的计划性当然是托拉斯所从来没有而且也不可能有的。但是尽管托拉斯有计划性,尽管资本大王们能预先考虑到一国范围内甚至国际范围内的生产规模,尽管他们有计划地调节生产,我们还是处在**资本主义**下,虽然是在它的新阶段,但无疑还是处在资本主义下。在无产阶级的真正代表看来,**这种**资本主义之"接近"社会主义,只是证明社会主义革命已经接近,已经不难实现,已经可以实现,已经

---

① 见《马克思恩格斯选集》第3版第4卷第290页。——编者注

刻不容缓,而决不是证明可以容忍一切改良主义者否认社会主义革命和粉饰资本主义。

现在我们回过来讲国家问题。恩格斯在这里作了三方面的特别宝贵的指示:第一是关于共和国问题;第二是关于民族问题同国家结构的联系;第三是关于地方自治。

关于共和国,恩格斯把这点作为批判爱尔福特纲领草案的重点。如果我们还记得当时爱尔福特纲领在整个国际社会民主党中具有怎样的意义,它怎样成了整个第二国际的典范,那么可以毫不夸大地说,恩格斯在这里是批判了整个第二国际的机会主义。

恩格斯写道:"草案的政治要求有一个大错误。**这里没有**〈黑体是恩格斯用的〉本来应当说的东西"。①

接着,恩格斯解释道:德国的宪法实质上是 1850 年最反动的宪法的抄本;帝国国会,正如威廉·李卜克内西所说的,只是"专制制度的遮羞布";想在把各小邦的存在合法化、把德意志各小邦的联盟合法化的宪法的基础上实现"将一切劳动资料转变成公有财产","显然毫无意义"。

"谈论这个问题是危险的",——恩格斯补充说,因为他深知在德国不能在纲领中公开提出建立共和国的要求。但是,恩格斯并不因为这个理由很明显,"大家"都满意,就这样算了。他接着说:"但是,无论如何,事情总要着手去解决。这样做多么有必要,正好现在由在很大一部分社会民主党报刊中散布的机会主义证明了。现在有人因为害怕恢复反社会

---

① 参看《马克思恩格斯选集》第 3 版第 4 卷第 292 页。——编者注

党人法<sup>28</sup>,因为回想起在这项法律统治下发表的一些草率的言论,就忽然认为,德国目前的法律状况就足以使党通过和平方式实现自己的一切要求。……"①

德国社会民主党人那样行事是害怕恢复非常法,——恩格斯把这个主要事实提到首位,毫不犹豫地称之为机会主义,而且指出,正是因为在德国没有共和制和自由,所以幻想走"和平"道路是十分荒谬的。恩格斯非常谨慎,没有束缚自己的手脚。他承认,在有共和制或有充分自由的国家里,和平地向社会主义发展是"可以设想"(仅仅是"设想"!)的,但是在德国,他重复说:

"……在德国,政府几乎有无上的权力,帝国国会及其他一切代议机关毫无实权,因此,在德国宣布要这样做,而且在没有任何必要的情况下宣布要这样做,就是揭去专制制度的遮羞布,自己去遮盖那赤裸裸的东西。……"①

德国社会民主党把这些指示"束之高阁",党的大多数正式领袖果然就成了专制制度的遮羞者。

"……这样的政策长此以往只能把党引入迷途。人们把一般的抽象的政治问题提到首要地位,从而把那些在重大事件一旦发生,政治危机一旦来临就会自行提到日程上来的紧迫的具体问题掩盖起来。其结果就是使党在决定性的时刻突然不知所措,使党在具有决定意义的问题上由于从未进行过讨论而认识模糊和意见不一。……

为了眼前暂时的利益而忘记根本大计,只图一时的成就而不顾后果,为了运动的现在而牺牲运动的未来,这种做法可

① 见《马克思恩格斯选集》第3版第4卷第293页。——编者注

能也是出于'真诚的'动机。但这是机会主义,始终是机会主义,而且'真诚的'机会主义也许比其他一切机会主义更危险。……

如果说有什么是毋庸置疑的,那就是,我们的党和工人阶级只有在民主共和国这种政治形式下,才能取得统治。民主共和国甚至是无产阶级专政的特殊形式,法国大革命已经证明了这一点。……"①

恩格斯在这里特别明确地重申了贯穿在马克思的一切著作中的基本思想,这就是:民主共和国是走向无产阶级专政的捷径。因为这样的共和国虽然丝毫没有消除资本的统治,因而也丝毫没有消除对群众的压迫和阶级斗争,但是,它必然会使这个斗争扩大、展开、明朗化和尖锐化,以致一旦出现满足被压迫群众的根本利益的可能性,这种可能性就必然通过而且只有通过无产阶级专政即无产阶级对这些群众的领导得到实现。对于整个第二国际来说,这也是马克思主义中"被忘记的言论",而孟什维克党在俄国1917年革命头半年的历史则把这种忘却揭示得再清楚不过了。

恩格斯在谈到同居民的民族成分有关的联邦制共和国问题时写道:

"应当用什么东西来取代现在的德国呢?〈它拥有反动的君主制宪法和同样反动的小邦分立制,这种分立制把"普鲁士主义"的种种特点固定下来,而不是使它们在德国的整体中被融解掉〉在我看来,无产阶级只能采取单一而不可分的共和国的形式。联邦制共和国一般说来现在还是美国广大

---

① 参看《马克思恩格斯选集》第3版第4卷第293—294页。——编者注

地区所必需的,虽然在它的东部已经成为障碍。在英国,联邦制共和国将是一个进步,因为在这里,两个岛上居住着四个民族,议会虽然是统一的,但是却有三种法律体系同时并存。在小国瑞士,联邦制共和国早已成为一种障碍,之所以还能被容忍,只是因为瑞士甘愿充当欧洲国家体系中纯粹消极的一员。对德国说来,实行瑞士式的联邦制,那就是一大退步。联邦制国家和单一制国家有两点区别,这就是:每个加盟的邦,每个州都有它自己的民事立法、刑事立法和法院组织;其次,与国民议院并存的还有联邦议院,在联邦议院中,每一个州不分大小,都以州为单位参加表决。"在德国,联邦制国家是向单一制国家的过渡,所以不是要使 1866 年和 1870 年的"从上面进行的革命"又倒退回去,而是要用"从下面进行的运动"来加以补充。①

恩格斯对国家形式问题不但不抱冷淡态度,相反,他非常细致地努力去分析的正是过渡形式,以便根据每一个别场合的具体历史特点来弄清各该场合的过渡形式是**从什么到什么**的过渡。

恩格斯同马克思一样,从无产阶级和无产阶级革命的观点出发坚持民主集中制,坚持单一而不可分的共和国。他认为联邦制共和国或者是一种例外,是发展的障碍,或者是由君主国向集中制共和国的过渡,是在一定的特殊条件下的"一个进步"。而在这些特殊条件中,民族问题占有突出的地位。

恩格斯同马克思一样,虽然无情地批判了小邦制的反动性和在一定的具体情况下用民族问题来掩盖这种反动性的行为,但是

---

① 参看《马克思恩格斯选集》第 3 版第 4 卷第 295 页。——编者注

他们在任何地方都丝毫没有忽视民族问题的倾向,而荷兰和波兰两国的马克思主义者在反对"自己"小国的狭隘市侩民族主义的极正当的斗争中,却常常表现出这种倾向。

在英国,无论从地理条件、从共同的语言或从数百年的历史来看,似乎已经把各个小地区的民族问题都"解决了"。可是,甚至在这个国家里,恩格斯也注意到一个明显的事实,即民族问题还没有完全消除,因此他承认建立联邦制共和国是"一个进步"。自然,这里他丝毫没有放弃批评联邦制共和国的缺点,丝毫没有放弃为实现单一制的、民主集中制的共和国而最坚决地进行宣传和斗争。

但是,恩格斯绝对不像资产阶级思想家和包括无政府主义者在内的小资产阶级思想家那样,从官僚制度的意义上去了解民主集中制。在恩格斯看来,集中制丝毫不排斥这样一种广泛的地方自治,这种自治在各个市镇和省自愿坚持国家统一的同时,绝对能够消除任何官僚制度和任何来自上面的"发号施令"。

恩格斯在发挥马克思主义对于国家问题的纲领性观点时写道:"……因此,需要统一的共和国。但并不是像现在法兰西共和国那样的共和国,因为它同1798年建立的没有皇帝的帝国没有什么不同。从1792年到1798年,法国的每个省、每个市镇,都有美国式的完全的自治,这是我们也应该有的。至于应当怎样安排自治和怎样才可以不要官僚制,这已经由美国和法兰西第一共和国给我们证明了,而现在又有澳大利亚、加拿大以及英国的其他殖民地给我们证明了。这种省〈州〉的和市镇的自治远比例如瑞士的联邦制更自由,在瑞士的联邦制中,州对 Bund〈即对整个联邦国家〉而言固然有很大的独立性,但它对专区和市镇也具有很大的独立性。州政府任命专区区长和市镇长官,这在讲英语的国家里是绝对没有的,而我们将来也应该断然消除这种现象,就像消除普鲁士的 Landrat 和 Regierungsrat〈专员、县长、省长以及所有由上面任命的官吏〉那样。"根据这一点,恩格斯建议把党纲关于自治问题的条文表述如下:"省〈省或州〉、县和市镇通过依据普选制选出的官员实行完全的自治。取消由国家任命的一切地方的和省的政权机关。"①

在被克伦斯基和其他"社会党人"部长的政府封闭的《真理报》**29**(1917 年 5 月 28 日第 68 号)上我已经指出过,在这一点上(自然远不止这一点),我国所谓革命民主派的所谓社会党人代表们是如何令人气愤地**背弃民主主义**。② 自然,这些通过"联合"而把自己同帝国主义资产阶级拴在一起的人,对我指出的这些是充耳不闻的。

必须特别指出的是,恩格斯用事实和最确切的例子推翻了一种非常流行的、特别是在小资产阶级民主派中间非常流行的偏见,即认为联邦制共和国一定要比集中制共和国自由。这种看法是不正确的。恩格斯所举的 1792—1798 年法兰西集中制共和国和瑞士联邦制共和国的事实推翻了这种偏见。真正民主的集中制共和国赋予的自由比联邦制共和国要**多**。换句话说,在历史上,地方、州等等能够享有**最多**自由的是**集中制**共和国,而不是联邦制共和国。

---

① 参看《马克思恩格斯选集》第 3 版第 4 卷第 295—296 页。——编者注
② 参看《列宁全集》中文第 2 版第 30 卷第 180—183 页。——编者注

对于这个事实,以及关于联邦制共和国与集中制共和国和关于地方自治这整个问题,无论过去和现在,我们党的宣传鼓动工作都没有充分注意。

## 5. 1891 年为马克思的《内战》所写的导言

恩格斯在为《法兰西内战》第 3 版写的导言中(导言注明的日期是 1891 年 3 月 18 日,最初刊载在《新时代》杂志上),除了顺便就有关对国家的态度的问题提出一些值得注意的意见,还对公社的教训作了极其鲜明的概括。这个概括,由于考虑到了公社以后20 年的全部经验而作得非常深刻,并且是专门用来反对流行于德国的"对国家的迷信"的,完全可以称为马克思主义在国家问题上的**最高成就**。

恩格斯指出:法国每次革命以后工人总是武装起来了;"因此,掌握国家大权的资产者的第一个信条就是解除工人的武装。于是,在每次工人赢得革命以后就产生新的斗争,其结果总是工人失败……"①

对各次资产阶级革命的经验作出的这个总结,真是又简短,又明了。这里正好抓住了问题的实质,也是国家问题的实质(**被压迫阶级有没有武装**?)。正是这个实质却是那些受资产阶级思想影响的教授以及小资产阶级民主派常常避而不谈的。在 1917 年的俄国革命中,泄露资产阶级革命的这个秘密的荣幸(卡芬雅克

---

① 见《马克思恩格斯选集》第 3 版第 3 卷第 45 页。——编者注

式的荣幸[30]）落到了"孟什维克"、"也是马克思主义者"的策列铁里身上。他在 6 月 11 日的"具有历史意义的"演说[31]中，脱口说出了资产阶级要解除彼得格勒工人武装的决定，当然，他把这个决定既说成是他自己的决定，又说成这就是"国家的"需要！

策列铁里在 6 月 11 日发表的具有历史意义的演说，当然会成为每一个研究 1917 年革命的历史学家都要援引的一个最明显的例证，证明策列铁里先生所率领的社会革命党人同孟什维克的联盟如何转到资产阶级方面来**反对**革命的无产阶级。

恩格斯顺便提出的另外一个也是有关国家问题的意见是谈宗教的。大家知道，德国社会民主党随着它的日益腐化而愈来愈机会主义化，愈来愈对"宣布宗教为私事"这个有名的公式进行庸俗的歪曲。就是说，把这个公式歪曲成似乎宗教问题**对于革命无产阶级政党也**是私事！！恩格斯起来反对的就是这种对无产阶级革命纲领的完全背叛，但恩格斯在 1891 年还只看到自己党内机会主义的**最小的**萌芽，因此他说得很谨慎：

> "因为公社委员几乎全都是工人或公认的工人代表，所以公社所通过的决议也都带有鲜明的无产阶级性质。这些决议，要么是规定实行共和派资产阶级只是由于怯懦才不敢实行的、然而却是工人阶级自由行动的必要前提的那些改革，例如实行宗教**对国家而言**纯属私事的原则；要么就是直接代表工人阶级的利益，有时还深深地触动了旧的社会制度。……"①

恩格斯故意强调"对国家而言"这几个字，目的是要击中德国

---

① 见《马克思恩格斯选集》第 3 版第 3 卷第 50 页。——编者注

机会主义的要害,因为德国机会主义宣布宗教**对党而言**是私事,这样也就把革命无产阶级政党降低到最庸俗的"自由思想派"那班市侩的水平,这种市侩可以容许不信宗教,但是拒绝执行对麻醉人民的宗教鸦片进行**党的**斗争的任务。

将来研究德国社会民主党的历史学家在探讨该党 1914 年遭到可耻的破产的根源时,会找到许多关于这个问题的有趣的材料:从该党思想领袖考茨基的论文中为机会主义打开大门的暧昧言论起,直到党对 1913 年的与教会分离运动[32]的态度止。

现在我们来看一看恩格斯在公社以后 20 年是怎样为斗争的无产阶级总结公社教训的。

下面就是恩格斯认为最重要的教训:

"……在此以前,中央集权政府进行压迫所凭借的力量是军队、政治警察、官僚机构。正是这支由拿破仑在 1798 年建立、后来每届新政府都乐于接过去用以反对自己敌人的力量,在一切地方都必须消除,就像在巴黎已经消除那样。

公社一开始想必就认识到,工人阶级一旦取得统治权,就不能继续运用旧的国家机器来进行管理;工人阶级为了不致失去刚刚争得的统治,一方面应当铲除全部旧的、一直被利用来反对工人阶级的压迫机器,另一方面还应当保证本身能够防范自己的代表和官吏,即宣布他们毫无例外地可以随时撤换。……"①

恩格斯一再着重指出,不仅在君主国,而且**在民主共和国**,国家依然是国家,也就是说仍然保留着它的基本特征:把公职人员,

---

① 见《马克思恩格斯选集》第 3 版第 3 卷第 53—54 页。——编者注

"社会公仆",社会机关,变为社会的**主人**。

　　"……为了防止国家和国家机关由社会公仆变为社会主人——这种现象在至今所有的国家中都是不可避免的——公社采取了两个可靠的办法。第一,它把行政、司法和国民教育方面的一切职位交给由普选选出的人担任,而且规定选举者可以随时撤换被选举者。第二,它对所有公职人员,不论职位高低,都只付给跟其他工人同样的工资。公社所曾付过的最高薪金是6 000法郎①。这样,即使公社没有另外给代表机构的代表签发限权委托书,也能可靠地防止人们去追求升官发财了。……"②

　　恩格斯在这里接触到了一个有趣的界限,在这个界限上,彻底的民主**变成了**社会主义,同时也**要求**实行社会主义。因为,要消灭国家就必须把国家机关的职能变为非常简单的监督和计算的手续,使大多数居民,而后再使全体居民,都能够办理,都能够胜任。而要完全消除升官发财的思想,就必须使国家机关中那些无利可图但是"荣耀的"职位**不**能成为在银行和股份公司内找到肥缺的桥梁,像在一切最自由的资本主义国家内所**经常**看到的那样。

　　但是,恩格斯并没有犯有些马克思主义者在民族自决权问题上所犯的那种错误:他们说民族自决权在资本主义下是不可能实现的,而在社会主义下则是多余的。这种似乎很巧妙但实际上并

---

①　名义上约等于2 400卢布,但按现在的汇率计算,约等于6 000卢布。有些布尔什维克提议,例如在市杜马内,给9 000卢布的薪金,而不提议**全国以6 000卢布**(这个数目是足够的)**为**最高薪金,这是完全不可饶恕的。**33**

②　见《马克思恩格斯选集》第3版第3卷第55页。——编者注

不正确的论断,对于**任何一种**民主制度,包括给官吏发微薄薪金的办法在内,都可以套得上,因为在资本主义下彻底的民主制度是不可能的,而在社会主义下则任何民主都是会**消亡**的。

这是一种诡辩,正像一句古老的笑话所说的:一个人掉了一根头发,他是否就成了秃子呢?

**彻底**发展民主,找出彻底发展的种种**形式**,用**实践**来检验这些形式等等,这一切都是为社会革命进行斗争的基本任务之一。任何单独存在的民主制度都不会产生社会主义,但在实际生活中民主制度永远不会是"单独存在",而总是"共同存在"的,它也会影响经济,推动**经济的**改造,受经济发展的影响等等。这就是活生生的历史辩证法。

恩格斯继续写道:

"……这种炸毁(Sprengung)旧的国家政权而以新的真正民主的国家政权来代替的情形,《内战》第三章已经作了详细的描述。但是这里再一次简单扼要地谈谈这个问题还是有必要的,因为正是在德国,来自哲学的对国家的迷信,已经进入到资产阶级甚至很多工人的一般意识之中。按照哲学概念,国家是'观念的实现',或是译成了哲学语言的尘世的上帝王国,也就是永恒的真理和正义所借以实现或应当借以实现的场所。由此就产生了对国家以及一切同国家有关的事物的盲目崇拜。尤其是人们从小就习惯于认为,全社会的公共事务和公共利益只能像迄今为止那样,由国家和国家的地位优越的官吏来处理和维护,所以这种崇拜就更容易产生。人们以为,如果他们不再迷信世袭君主制而坚信民主共和制,那就已经是非常大胆地向前迈进了一步。实际上,国家无非是一个阶级镇压另一个阶级的机器,而且在这一点上民主共和国并不亚于君主国。国家再好也不过是在争取阶级统治的斗争中获胜的无产阶级所继承下来的一个祸害;胜利了的无产阶级也将同公社一样,不得不立即尽量除去这个祸害的最坏方面,直到在新的自由的社会条件下成长起来的一代有能力把这国家废物全部抛掉。"①

恩格斯告诫德国人,叫他们在以共和制代替君主制的时候不要忘记社会主义关于一般国家问题的原理。他的告诫现在看起来好像是直接对策列铁里和切尔诺夫之流先生们的教训,因为他们在"联合的"实践中正好表现出对国家的迷信和盲目崇拜!

还应当指出两点:(1)恩格斯说,在民主共和国,国家之为"一个阶级压迫另一个阶级的机器","丝毫不亚于"在君主国,但这决不等于说,压迫的**形式**对于无产阶级是无所谓的,像某些无政府主义者所"教导"的那样。阶级斗争和阶级压迫采取更广泛、更自由、更公开的**形式**,能够大大便于无产阶级为消灭一切阶级而进行的斗争。

(2)为什么只有新的一代才有能力把这国家废物全部抛掉呢? 这个问题是同民主的消除问题联系着的,现在我们就来谈这个问题。

# 6. 恩格斯论民主的消除

恩格斯在谈到"社会民主党人"这个名称**在科学上**不正确的

---

① 参看《马克思恩格斯选集》第 3 版第 3 卷第 55 页。——编者注

时候,曾连带说到这一点。

恩格斯在给自己那本 19 世纪 70 年代主要是论述"国际"问题的文集(《〈人民国家报〉国际问题论文集》)作序(1894 年 1 月 3 日,即恩格斯逝世前一年半)的时候写道,在所有的文章里,他都用"共产党人"这个名词,**而不用**"社会民主党人",因为当时法国的蒲鲁东派和德国的拉萨尔派**34**都自称为社会民主党人。

恩格斯接着写道:"……因此,对马克思和我来说,选择如此有伸缩性的名称来表示我们特有的观点,是绝对不行的。现在情况不同了,这个词〈"社会民主党人"〉也许可以过得去(mag passieren),但是对于经济纲领不单纯是一般社会主义的而直接是共产主义的党来说,对于政治上的最终目的是消除整个国家因而也消除民主的党来说,这个词还是不确切的〈unpassend,不恰当的〉。然而,对**真正的**〈黑体是恩格斯用的〉政党说来,名称总是不完全符合的;党在发展,名称却不变。"①

辩证法家恩格斯到临终时仍然忠于辩证法。他说:马克思和我有过一个很好的科学上很确切的党的名称,可是当时没有一个真正的即群众性的无产阶级政党。现在(19 世纪末)真正的政党是有了,可是它的名称在科学上是不正确的。但这不要紧,"可以过得去",只要党**在发展**,只要党意识到它的名称在科学上不确切,不让这一点妨碍它朝着正确的方向发展就行!

也许哪一位爱开玩笑的人会用恩格斯的话来安慰我们布尔什维克说:我们有真正的政党,它在很好地发展;就连"布尔什维克"

---

① 参看《马克思恩格斯选集》第 3 版第 4 卷第 305 页。——编者注

这样一个毫无意义的奇怪的名词,这个除了表示我们在 1903 年布鲁塞尔—伦敦代表大会<sup>35</sup>上占多数这一完全偶然的情况外并没有什么其他意思的名词,也还"可以过得去"……  现在,由于共和党人和"革命"市侩民主派在 7、8 月间对我党实行迫害<sup>36</sup>,"布尔什维克"这个名词获得了全民的荣誉,除此而外,这种迫害还表明我党在**真正的**发展过程中迈进了多么巨大的具有历史意义的一步,在这个时候,也许连我自己也对我在 4 月间提出的改变我党名称的建议①表示怀疑了。也许我要向同志们提出一个"妥协办法":把我们党称为共产党,而把布尔什维克这个名词放在括号内……

但是党的名称问题远不及革命无产阶级对国家的态度问题重要。

人们通常在谈论国家问题的时候,老是犯恩格斯在这里所告诫的而我们在前面也顺便提到的那个错误。这就是:老是忘记国家的消灭也就是民主的消灭,国家的消亡也就是民主的消亡。

乍看起来,这样的论断似乎是极端古怪而难于理解的;甚至也许有人会担心,是不是我们在期待一个不遵守少数服从多数的原则的社会制度,因为民主也就是承认这个原则。

不是的。民主和少数服从多数的原则**不是**一个东西。民主就是承认少数服从多数的**国家**,即一个阶级对另一个阶级、一部分居民对另一部分居民使用有系统的**暴力**的组织。

我们的最终目的是消灭国家,也就是消灭任何有组织有系统

---

①　参看《列宁全集》中文第 2 版第 29 卷第 101、110 页;《列宁选集》第 3 版修订版第 3 卷第 16 页。——编者注

的暴力,消灭任何加在人们头上的暴力。我们并不期待一个不遵守少数服从多数的原则的社会制度。但是,我们在向往社会主义的同时深信:社会主义将发展为共产主义,而对人们使用暴力,使一个人**服从**另一个人、使一部分居民**服从**另一部分居民的任何必要也将随之消失,因为人们**将习惯于**遵守公共生活的起码规则,而**不需要暴力**和服从。

为了强调这个习惯的因素,恩格斯就说到了新的**一代**,他们是"在新的自由的社会条件下成长起来的一代,有能力把这国家废物全部抛掉",——这里所谓国家是指任何一种国家,其中也包括民主共和制的国家。

为了说明这一点,就必须分析国家消亡的经济基础问题。

# 第 五 章

# 国家消亡的经济基础

马克思在他的《哥达纲领批判》(即 1875 年 5 月 5 日给白拉克的信,这封信直到 1891 年才在《新时代》杂志第 9 年卷第 1 册上发表,有俄文单行本)①中对这个问题作了最详尽的说明。在这篇出色的著作中,批判拉萨尔主义的论战部分可以说是遮盖了正面论述的部分,即遮盖了对共产主义发展和国家消亡之间的联系的分析。

## 1. 马克思如何提出问题

如果把马克思在 1875 年 5 月 5 日给白拉克的信同我们在前面研究过的恩格斯在 1875 年 3 月 28 日给倍倍尔的信粗略地对照一下,也许会觉得马克思比恩格斯带有浓厚得多的"国家派"色彩,也许会觉得这两位著作家对国家的看法有很大差别。

① 见《马克思恩格斯选集》第 3 版第 3 卷第 354—378 页。——编者注

恩格斯建议倍倍尔根本抛弃关于国家的废话,把国家一词从纲领中完全去掉而用"共同体"一词来代替;恩格斯甚至宣布公社已经不是原来意义上的国家。而马克思却谈到"未来共产主义社会的国家制度"①,这就是说,似乎他认为就是在共产主义下也还需要国家。

但这种看法是根本不对的。如果仔细研究一下就可以知道,马克思和恩格斯对国家和国家消亡问题的看法是完全一致的,上面所引的马克思的话指的正是**正在消亡的**国家制度。

很清楚,确定**未来的**"消亡"的日期,这是无从谈起的,何况它显然还是一个很长的过程。马克思和恩格斯之间仿佛存在差别,是因为他们研究的题目不同,要解决的任务不同。恩格斯的任务是要清楚地、尖锐地、概括地向倍倍尔指明,当时流行的(也是拉萨尔颇为赞同的)关于国家问题的偏见是十分荒谬的。而马克思只是在论述另一个题目即共产主义社会的**发展**时,顺便提到了**这个**问题。

马克思的全部理论,就是运用最彻底、最完整、最周密、内容最丰富的发展论去考察现代资本主义。自然,他也就要运用这个理论去考察资本主义的**即将到来的**崩溃和**未来**共产主义的**未来的**发展。

究竟根据什么**材料**可以提出未来共产主义的未来发展问题呢?

这里所根据的是,共产主义是从资本主义中**产生出来**的,它是历史地从资本主义中发展出来的,它是资本主义所**产生**的那种社

---

① 见《马克思恩格斯选集》第 3 版第 3 卷第 373—374 页。——编者注

会力量发生作用的结果。马克思丝毫不想制造乌托邦,不想凭空猜测无法知道的事情。马克思提出共产主义的问题,正像一个自然科学家已经知道某一新的生物变种是怎样产生以及朝着哪个方向演变才提出该生物变种的发展问题一样。

马克思首先扫除了哥达纲领在国家同社会的相互关系问题上造成的糊涂观念。

他写道:"……现代社会就是存在于一切文明国度中的资本主义社会,它或多或少地摆脱了中世纪的杂质,或多或少地由于每个国度的特殊的历史发展而改变了形态,或多或少地有了发展。'现代国家'却随国境而异。它在普鲁士德意志帝国同在瑞士不一样,在英国同在美国不一样。所以,'现代国家'是一种虚构。

但是,不同的文明国度中的不同的国家,不管它们的形式如何纷繁,却有一个共同点:它们都建立在现代资产阶级社会的基础上,只是这种社会的资本主义发展程度不同罢了。所以,它们具有某些根本的共同特征。在这个意义上可以谈'现代国家制度',而未来就不同了,到那时,'现代国家制度'现在的根基即资产阶级社会已经消亡了。

于是就产生了一个问题:在共产主义社会中国家制度会发生怎样的变化呢? 换句话说,那时有哪些同现在的国家职能相类似的社会职能保留下来呢? 这个问题只能科学地回答;否则,即使你把'人民'和'国家'这两个词联接一千次,也丝毫不会对这个问题的解决有所帮助。……"①

---

① 参看《马克思恩格斯选集》第 3 版第 3 卷第 373 页。——编者注

马克思这样讥笑了关于"人民国家"的一切空话以后，就来提出问题，并且好像是告诫说：要对这个问题作出科学的解答，只有依靠确实肯定了的科学材料。

由整个发展论和全部科学十分正确地肯定了的首要的一点，也是从前被空想主义者所忘记、现在又被害怕社会主义革命的现代机会主义者所忘记的那一点，就是在历史上必然会有一个从资本主义向共产主义**过渡**的特殊时期或特殊阶段。

## 2. 从资本主义到共产主义的过渡

马克思继续写道："……在资本主义社会和共产主义社会之间，有一个从前者变为后者的革命转变时期。同这个时期相适应的也有一个政治上的过渡时期，这个时期的国家只能是**无产阶级的革命专政**。……"[1]

这个结论是马克思根据他对无产阶级在现代资本主义社会中的作用的分析，根据关于这个社会发展情况的材料以及关于无产阶级与资产阶级对立的利益不可调和的材料所得出的。

从前，问题的提法是这样的：无产阶级为了求得自身的解放，应当推翻资产阶级，夺取政权，建立自己的革命专政。

现在，问题的提法已有些不同了：从向着共产主义发展的资本主义社会过渡到共产主义社会，非经过一个"政治上的过渡时期"不可，而这个时期的国家只能是无产阶级的革命专政。

---

[1]　见《马克思恩格斯选集》第 3 版第 3 卷第 373 页。——编者注

这个专政和民主的关系又是怎样的呢？

我们看到，《共产党宣言》是干脆把"无产阶级转化成统治阶级"和"争得民主"①这两个概念并列在一起的。根据上述一切，可以更准确地断定民主在从资本主义向共产主义过渡时是怎样变化的。

在资本主义社会里，在它最顺利的发展条件下，比较完全的民主制度就是民主共和制。但是这种民主制度始终受到资本主义剥削制度狭窄框子的限制，因此它实质上始终是少数人的即只是有产阶级的、只是富人的民主制度。资本主义社会的自由始终与古希腊共和国的自由即奴隶主的自由大致相同。由于资本主义剥削制度的条件，现代的雇佣奴隶被贫困压得喘不过气，结果都"无暇过问民主"，"无暇过问政治"，大多数居民在通常的平静的局势下都被排斥在社会政治生活之外。

德国可以说是证实这一论断的最明显的例子，因为在这个国家里，宪法规定的合法性保持得惊人地长久和稳定，几乎有半世纪之久（1871—1914年），而在这个时期内，同其他国家的社会民主党相比，德国社会民主党又做了多得多的工作来"利用合法性"，来使工人参加党的比例达到举世未有的高度。

这种在资本主义社会里能看到的有政治觉悟的积极的雇佣奴隶所占的最大的百分比究竟是多少呢？1 500万雇佣工人中有100万是社会民主党党员！1 500万雇佣工人中有300万是工会会员！

极少数人享受民主，富人享受民主，——这就是资本主义社会的民主制度。如果仔细地考察一下资本主义民主的结构，那么无

---

① 参看《马克思恩格斯选集》第3版第1卷第421页。——编者注

论在选举权的一些"微小的"（似乎是微小的）细节上（居住年限、妇女被排斥等等），或是在代表机构的办事手续上，或是在行使集会权的实际障碍上（公共建筑物不准"叫花子"使用！），或是在纯粹资本主义的办报原则上，等等，到处都可以看到对民主制度的重重限制。用来对付穷人的这些限制、例外、排斥、阻碍，看起来似乎是很微小的，特别是在那些从来没有亲身体验过贫困、从来没有接近过被压迫阶级群众的生活的人（这种人在资产阶级的政论家和政治家中，如果不占百分之九十九，也得占十分之九）看起来是很微小的，但是这些限制加在一起，就把穷人排斥和推出政治生活之外，使他们不能积极参加民主生活。

马克思正好抓住了资本主义民主的这一**实质**，他在分析公社的经验时说：这就是容许被压迫者每隔几年决定一次究竟由压迫阶级中什么人在议会里代表和镇压他们！①

但是从这种必然是狭隘的、暗中排斥穷人的、因而也是彻头彻尾虚伪骗人的资本主义民主向前发展，并不像自由派教授和小资产阶级机会主义者所想象的那样，是简单地、直线地、平稳地走向"日益彻底的民主"。不是的。向前发展，即向共产主义发展，必须经过无产阶级专政，不可能走别的道路，因为再没有其他人也没有其他道路能够**粉碎**剥削者资本家的**反抗**。

而无产阶级专政，即被压迫者先锋队组织成为统治阶级来镇压压迫者，不能仅仅只是扩大民主。**除了**把民主制度大规模地扩大，使它**第一次**成为穷人的、人民的而不是富人的民主制度**之外**，无产阶级专政还要对压迫者、剥削者、资本家采取一系列剥夺自由

---

① 参看《马克思恩格斯选集》第 3 版第 3 卷第 100 页。——编者注

的措施。为了使人类从雇佣奴隶制下面解放出来,我们必须镇压这些人,必须用强力粉碎他们的反抗,——显然,凡是实行镇压和使用暴力的地方,也就没有自由,没有民主。

读者总还记得,恩格斯在给倍倍尔的信中很好地阐明了这一点,他说:"无产阶级需要国家不是为了自由,而是为了镇压自己的敌人,一到有可能谈自由的时候,国家本身就不再存在了。"①

人民这个大多数享有民主,对人民的剥削者、压迫者实行强力镇压,即把他们排斥于民主之外,——这就是民主在从资本主义向共产主义**过渡**时改变了的形态。

只有在共产主义社会中,当资本家的反抗已经彻底粉碎,当资本家已经消失,当阶级已经不存在(即社会各个成员在同社会生产资料的关系上已经没有差别)的时候,——**只有**在那个时候,"国家才会消失,**才有可能谈自由**"。只有在那个时候,真正完全的、真正没有任何例外的民主才有可能,才会实现。也只有在那个时候,民主才开始**消亡**,道理很简单:人们既然摆脱了资本主义奴隶制,摆脱了资本主义剥削制所造成的无数残暴、野蛮、荒谬和丑恶的现象,也就会逐渐**习惯**于遵守多少世纪以来人们就知道的、千百年来在一切行为守则上反复谈到的、起码的公共生活规则,而不需要暴力,不需要强制,不需要服从,**不需要**所谓国家这种实行强制的**特殊机构**。

"国家**消亡**"这个说法选得非常恰当,因为它既表明了过程的渐进性,又表明了过程的自发性。只有习惯才能够发生而且一定会发生这样的作用,因为我们在自己的周围千百万次地看到,如果

---

① 参看《马克思恩格斯选集》第 3 版第 3 卷第 349 页。——编者注

没有剥削,如果根本没有令人气愤、引起抗议和起义而使**镇压**成为必要的现象,那么人们是多么容易习惯于遵守他们所必需的公共生活规则。

总之,资本主义社会里的民主是一种残缺不全的、贫乏的和虚伪的民主,是只供富人、只供少数人享受的民主。无产阶级专政,向共产主义过渡的时期,将第一次提供人民享受的、大多数人享受的民主,同时对少数人即剥削者实行必要的镇压。只有共产主义才能提供真正完全的民主,而民主愈完全,它也就愈迅速地成为不需要的东西,愈迅速地自行消亡。

换句话说,在资本主义下存在的是原来意义上的国家,即一个阶级对另一个阶级、而且是少数人对多数人实行镇压的特殊机器。很明显,剥削者少数要能有系统地镇压被剥削者多数,就必须实行极凶狠极残酷的镇压,就必须造成大量的流血,而人类在奴隶制、农奴制和雇佣劳动制下就是这样走过来的。

其次,在从资本主义向共产主义**过渡**的时候镇压**还是**必要的,但这已经是被剥削者多数对剥削者少数的镇压。实行镇压的特殊机构,特殊机器,即"国家",**还是**必要的,但这已经是过渡性质的国家,已经不是原来意义上的国家,因为由**昨天**还是雇佣奴隶的多数人去镇压剥削者少数人,相对来说,还是一件很容易、很简单和很自然的事情,所流的血会比镇压奴隶、农奴和雇佣工人起义流的少得多,人类为此而付出的代价要小得多。而且在实行镇压的同时,还把民主扩展到绝大多数居民身上,以致对实行镇压的**特殊机器**的需要就开始消失。自然,剥削者没有极复杂的实行镇压的机器就镇压不住人民,但是**人民**镇压剥削者却只需要有很简单的"机器",即几乎可以不要"机器",不要特殊的机构,而只需要有简单的**武装群众**

的组织(如工兵代表苏维埃,——我们先在这里提一下)。

最后,只有共产主义才能够完全不需要国家,因为**没有人**需要加以镇压了,——这里所谓"没有人"是指**阶级**而言,是指对某一部分居民进行有系统的斗争而言。我们不是空想主义者,我们丝毫也不否认**个别人**采取极端行动的可能性和必然性,同样也不否认有镇压**这种**行动的必要性。但是,第一,做这件事情用不着什么实行镇压的特殊机器,特殊机构,武装的人民自己会来做这项工作,而且做起来非常简单容易,就像现代社会中任何一群文明人强行拉开打架的人或制止虐待妇女一样。第二,我们知道,产生违反公共生活规则的极端行动的根本社会原因是群众受剥削和群众贫困。这个主要原因一消除,极端行动就必然开始"**消亡**"。虽然我们不知道消亡的速度和过程怎样,但是,我们知道这种行动一定会消亡。而这种行动一消亡,国家也就随之**消亡**。

关于这个未来,马克思并没有陷入空想,他只是较详细地确定了**现在**所能确定的东西,即共产主义社会低级阶段和高级阶段之间的差别。

## 3. 共产主义社会的第一阶段

马克思在《哥达纲领批判》中,详细地驳斥了拉萨尔关于劳动者在社会主义下将领取"不折不扣的"或"全部的劳动产品"的思想。马克思指出,从整个社会的全部社会劳动中,必须扣除后备基金、扩大生产的基金和机器"磨损"的补偿等等,然后从消费品中还要扣除用做管理费用以及用于学校、医院、养老院等等的基金。

马克思不像拉萨尔那样说些含糊不清的笼统的话（"全部劳动产品归劳动者"），而是对社会主义社会必须怎样管理的问题作了冷静的估计。马克思**具体地**分析了这种没有资本主义存在的社会的生活条件，他说：

> "我们这里所说的〈在分析工人党的纲领时〉是这样的共产主义社会，它不是在它自身基础上已经**发展了的**，恰好相反，是刚刚从资本主义社会**中产生出来的**，因此它在各方面，在经济、道德和精神方面都还带着它脱胎出来的那个旧社会的痕迹。"①

就是这个刚刚从资本主义脱胎出来的在各方面还带着旧社会痕迹的共产主义社会，马克思称之为共产主义社会的"第一"阶段或低级阶段。

生产资料已经不是个人的私有财产。它们已归全社会所有。社会的每个成员完成一定份额的社会必要劳动，就从社会领得一张凭证，证明他完成了多少劳动量。他根据这张凭证从消费品的社会储存中领取相应数量的产品。这样，扣除了用做社会基金的那部分劳动量，每个劳动者从社会领回的正好是他给予社会的。

似乎"平等"就实现了。

但是，当拉萨尔把这样的社会制度（通常叫做社会主义，而马克思称之为共产主义的第一阶段）说成是"公平的分配"，说成是"每人有获得同等劳动产品的平等的权利"的时候，他是错误的，

---

① 参看《马克思恩格斯选集》第 3 版第 3 卷第 363 页。——编者注

于是马克思对他的错误进行了分析。

马克思说:这里确实有"平等的权利",但这**仍然是**"资产阶级权利",这个"资产阶级权利"同任何权利一样,**是以不平等为前提的**。任何权利都是把**同一**标准应用在**不同的**人身上,即应用在事实上各不相同、各不同等的人身上,因而"平等的权利"就是破坏平等,就是不公平。的确,每个人付出与别人同等份额的社会劳动,就能领取同等份额的社会产品(作了上述各项扣除之后)。

然而各个人是不同等的:有的强些,有的弱些;有的结了婚,有的没有结婚,有的子女多些,有的子女少些,如此等等。

马克思总结说:"……因此,在提供的劳动相同,从而由社会消费基金中分得的份额相同的条件下,某一个人事实上所得到的比另一个人多些,也就比另一个人富些,如此等等。要避免所有这些弊病,权利就不应当是平等的,而应当是不平等的。……"①

可见,在共产主义第一阶段还不能做到公平和平等,因为富裕的程度还会不同,而不同就是不公平。但是人**剥削**人已经不可能了,因为已经不能把工厂、机器、土地等**生产资料**攫为私有了。马克思通过驳斥拉萨尔泛谈**一般**"平等"和"公平"的含糊不清的小资产阶级言论,指出了共产主义社会的**发展进程**,说明这个社会最初**只能**消灭私人占有生产资料这一"不公平"现象,却**不能**立即消灭另一不公平现象:"按劳动"(而不是按需要)分配消费品。

庸俗的经济学家,包括资产阶级教授,包括"我们的"杜冈在

---

① 见《马克思恩格斯选集》第 3 版第 3 卷第 364 页。——编者注

内,经常谴责社会主义者,说他们忘记了人与人的不平等,说他们"幻想"消灭这种不平等。我们看到,这种谴责只能证明资产阶级思想家先生们的极端无知。①

马克思不仅极其准确地估计到了人们不可避免的不平等,而且还估计到:仅仅把生产资料转归全社会公有(通常所说的"社会主义")还**不能消除**分配方面的缺点和"资产阶级权利"的不平等,只要产品"按劳动"分配,"资产阶级权利"就会**继续通行**。

马克思继续说道:"……但是这些弊病,在经过长久阵痛刚刚从资本主义社会产生出来的共产主义社会第一阶段,是不可避免的。权利决不能超出社会的经济结构以及由经济结构制约的社会的文化发展。……"②

因此,在共产主义社会的第一阶段(通常称为社会主义),"资产阶级权利"**没有**完全取消,而只是部分地取消,只是在已经实现的经济变革的限度内取消,即只是在同生产资料的关系上取消。"资产阶级权利"承认生产资料是个人的私有财产。而社会主义则把生产资料变为**公有**财产。**在这个范围内**,也只是在这个范围内,"资产阶级权利"才不存在了。

但是它在它的另一部分却依然存在,依然是社会各个成员间分配产品和分配劳动的调节者(决定者)。"不劳动者不得食"这个社会主义原则**已经**实现了;"对等量劳动给予等量产品"这个社会主义原则也**已经**实现了。但是,这还不是共产主义,还没有消除

---

① 对杜冈的批判,还可参看《列宁全集》中文第 2 版第 24 卷第 390—393 页。——编者注

② 见《马克思恩格斯选集》第 3 版第 3 卷第 364 页。——编者注

对不同等的人的不等量(事实上是不等量的)劳动给予等量产品的"资产阶级权利"。

马克思说,这是一个"弊病",但在共产主义第一阶段是不可避免的,因为,如果不愿陷入空想主义,那就不能认为,在推翻资本主义之后,人们立即就能学会**不要任何权利准则**而为社会劳动,况且资本主义的废除**不能立即为这种**变更**创造**经济前提。

可是,除了"资产阶级权利"以外,没有其他准则。所以就这一点说,还需要有国家在保卫生产资料公有制的同时来保卫劳动的平等和产品分配的平等。

国家正在消亡,因为资本家已经没有了,阶级已经没有了,因而也就没有什么**阶级**可以**镇压**了。

但是,国家还没有完全消亡,因为还要保卫那个确认事实上的不平等的"资产阶级权利"。要使国家完全消亡,必须有完全的共产主义。

# 4. 共产主义社会的高级阶段

马克思接着说:

"……在共产主义社会高级阶段,在迫使个人奴隶般地服从分工的情形已经消失,从而脑力劳动和体力劳动的对立也随之消失之后;在劳动已经不仅仅是谋生的手段,而且本身成了生活的第一需要之后;在随着个人的全面发展,生产力也增长起来,而集体财富的一切源泉都充分涌流之后,——只有在那个时候,才能完全超出资产阶级权利的狭隘眼界,社会才能在自己的旗帜上写上:'各尽所能,按需分配'!"①

只是现在我们才可以充分地认识到,恩格斯无情地讥笑那种把"自由"和"国家"这两个名词连在一起的荒谬见解,是多么正确。还有国家的时候就没有自由。到有自由的时候就不会有国家了。

国家完全消亡的经济基础就是共产主义的高度发展,那时脑力劳动和体力劳动的对立已经消失,因而现代**社会**不平等的最重要的根源之一也就消失,而这个根源光靠把生产资料转为公有财产,光靠剥夺资本家,是决不能立刻消除的。

这种剥夺会使生产力有蓬勃发展的**可能**。我们看到,资本主义目前已经在令人难以置信地**阻碍**这种发展,而在现代已经达到的技术水平的基础上本来是可以大有作为的,因此我们可以绝对有把握地说,剥夺资本家一定会使人类社会的生产力蓬勃发展。但是,生产力将以什么样的速度向前发展,将以什么样的速度发展到打破分工、消灭脑力劳动和体力劳动的对立、把劳动变为"生活的第一需要",这都是我们所不知道而且也**不可能**知道的。

因此,我们只能谈国家消亡的必然性,同时着重指出这个过程是长期的,指出它的长短将取决于共产主义**高级阶段**的发展速度,而把消亡的日期或消亡的具体形式问题作为悬案,因为现在还**没有**可供解决这些问题的材料。

当社会实现"各尽所能,按需分配"的原则时,也就是说,当人们已经十分习惯于遵守公共生活的基本规则,他们的劳动生产率

---

① 参看《马克思恩格斯选集》第 3 版第 3 卷第 364—365 页。——编者注

已经极大地提高,以致他们能够自愿地**尽其所能**来劳动的时候,国家才会完全消亡。那时,就会超出"资产阶级权利的狭隘眼界",超出这种使人像夏洛克**[37]**那样冷酷地斤斤计较,不愿比别人多做半小时工作,不愿比别人少得一点报酬的狭隘眼界。那时,分配产品就无需社会规定每人应当领取的产品数量;每人将"按需"自由地取用。

从资产阶级的观点看来,很容易把这样的社会制度说成是"纯粹的乌托邦",并冷嘲热讽地说社会主义者许诺每个人都有权利向社会领取任何数量的巧克力糖、汽车、钢琴等等,而对每个公民的劳动不加任何监督。就是今天,大多数资产阶级"学者"也还在用这样的嘲讽来搪塞,他们这样做只是暴露他们愚昧无知和替资本主义进行自私的辩护。

说他们愚昧无知,是因为没有一个社会主义者想到过要"许诺"共产主义高级发展阶段的到来,而伟大的社会主义者在**预见**这个阶段将会到来时所设想的前提,既不是现在的劳动生产率,也**不是现在的**庸人,这种庸人正如波米亚洛夫斯基作品**[38]**中的神学校学生一样,很会"无缘无故地"糟蹋社会财富的储存和提出不能实现的要求。

在共产主义的"高级"阶段到来以前,社会主义者要求社会**和国家**对劳动量和消费量实行**极严格的**监督,不过这种监督应当从剥夺资本家和由工人监督资本家**开始**,并且不是由官吏的国家而是由**武装工人**的国家来实行。

说资产阶级思想家(和他们的走卒,如策列铁里先生、切尔诺夫先生之流)替资本主义进行自私的辩护,正是因为他们一味争论和空谈遥远的未来,而**不谈目前**政治上的迫切问题:剥夺资本家,把**全体**公民变为**一个**大"辛迪加"即整个国家的工作者和职员,并使这整个辛迪加的全部工作完全服从真正民主的国家,即**工兵代表苏维埃国家**。

其实,当博学的教授,以及附和教授的庸人和策列铁里先生、切尔诺夫先生之流谈到荒诞的乌托邦,谈到布尔什维克的蛊惑人心的许诺,谈到"实施"社会主义不可能做到的时候,他们指的正是共产主义的高级阶段,但是无论是谁都不仅没有许诺过,而且连想也没有想到过"实施"共产主义的高级阶段,因为这根本无法"实施"。

这里我们也就接触到了社会主义和共产主义在科学上的差别问题,这个问题在上面引用的恩格斯说"社会民主党人"这个名称不正确的一段话里已经谈到。共产主义第一阶段或低级阶段同共产主义高级阶段之间的差别在政治上说将来也许很大,但现在在资本主义下来着重谈论它就很可笑了,把这个差别提到首要地位的也许只有个别无政府主义者(在克鲁泡特金之流、格拉弗、科尔纳利森和其他无政府主义"大师"们已经"像普列汉诺夫那样"变成了社会沙文主义者,或者如少数没有丧失廉耻和良心的无政府主义者之一格耶所说,变成了无政府主义卫国战士以后,如果无政府主义者当中还有人丝毫没有学到什么东西的话)。

但是社会主义同共产主义在科学上的差别是很明显的。通常所说的社会主义,马克思把它称做共产主义社会的"第一"阶段或低级阶段。既然生产资料已成为**公有**财产,那么"共产主义"这个名词在这里也是可以用的,只要不忘记这还**不是**完全的共产主义。马克思的这些解释的伟大意义,就在于他在这里也彻底地运用了唯物主义辩证法,即发展学说,把共产主义看成是**从资本主义中**发展出来的。马克思没有经院式地臆造和"虚构"种种定义，没有从事毫无意义的字面上的争论（什么是社会主义，什么是共产主义），而是分析了可以称为共产主义在经济上成熟程度的两个阶段的东西。

在第一阶段，共产主义在经济上还**不**可能完全成熟，完全摆脱资本主义的传统或痕迹。由此就产生一个有趣的现象，这就是在共产主义第一阶段还保留着"**资产阶级**权利的狭隘眼界"。既然在**消费品**的分配方面存在着资产阶级权利，那当然一定要有**资产阶级国家**，因为如果没有一个能够**强制**人们遵守权利准则的机构，权利也就等于零。

可见，在共产主义下，在一定的时期内，不仅会保留资产阶级权利，甚至还会保留资产阶级国家，——但没有资产阶级！

这好像是奇谈怪论，或只是一种玩弄聪明的辩证把戏，那些没有花过一点功夫去研究马克思主义的极其深刻的内容的人，就常常这样来谴责马克思主义。

其实，无论在自然界或在社会中，实际生活随时随地都使我们看到新事物中有旧的残余。马克思并不是随便把一小块"资产阶级"权利塞到共产主义中去，而是抓住了**从资本主义脱胎**出来的社会里那种在经济上和政治上不可避免的东西。

在工人阶级反对资本家以争取自身解放的斗争中，民主具有巨大的意义。但是民主决不是不可逾越的极限，它只是从封建主义到资本主义和从资本主义到共产主义的道路上的阶段之一。

民主意味着平等。很明显，如果把平等正确地理解为消灭**阶级**，那么无产阶级争取平等的斗争以及平等的口号就具有极伟大的意义。但是，民主仅仅意味着**形式上的**平等。一旦社会全体成员**在**占有生产资料**方面**的平等即劳动平等、工资平等实现以后,在人类面前不可避免地立即就会产生一个问题:要更进一步,从形式上的平等进到事实上的平等,即实现"各尽所能,按需分配"的原则。至于人类会经过哪些阶段,通过哪些实际措施达到这个最高目的,那我们不知道,也不可能知道。可是,必须认识到:通常的资产阶级观念,即把社会主义看成一种僵死的、凝固的、一成不变的东西的这种观念,是非常荒谬的;实际上,**只是**从社会主义实现时起,社会生活和个人生活的各个领域才会开始出现迅速的、真正的、确实是群众性的即有**大多数**居民参加然后有全体居民参加的前进运动。

民主是国家形式,是国家形态的一种。因此,它同任何国家一样,也是有组织有系统地对人们使用暴力,这是一方面。但另一方面,民主意味着在形式上承认公民一律平等,承认大家都有决定国家制度和管理国家的平等权利。而这一点又会产生如下的结果:民主在其发展的某个阶段首先把对资本主义进行革命的阶级——无产阶级团结起来,使他们有可能去打碎、彻底摧毁、彻底铲除资产阶级的(哪怕是共和派资产阶级的)国家机器即常备军、警察和官吏,代之以武装的工人群众(然后是人民普遍参加民兵)这样一种**更**民主的机器,但这仍然是国家机器。

在这里,"量转化为质",因为**这样**高度的民主制度,是同越出资产阶级社会的框子、开始对社会进行社会主义的改造相联系的。如果真是**所有的人**都参加国家管理,那么资本主义就不能支持下去。而资本主义的发展又为真是"所有的人"**能够**参加国家管理创造了**前提**。这种前提就是:在一些最先进的资本主义国家中已经做到的人人都识字,其次是千百万工人已经在邮局、铁路、大工厂、大商业企业、银行业等等巨大的、复杂的、社会化的机构里"受了训练并养成了遵守纪律的习惯"。

在这种**经济**前提下，完全有可能在推翻了资本家和官吏之后，在一天之内立刻着手由武装的工人、普遍武装的人民代替他们去**监督**生产和分配，**计算**劳动和产品。（不要把监督和计算的问题同具有科学知识的工程师和农艺师等等的问题混为一谈，这些先生今天在资本家的支配下工作，明天在武装工人的支配下会更好地工作。）

计算和监督，——这就是把共产主义社会**第一阶段**"调整好"，使它能正常地运转所必需的**主要条件**。在这里，**全体**公民都成了国家（武装工人）雇用的职员。**全体**公民都成了**一个**全民的、国家的"辛迪加"的职员和工人。全部问题在于要他们在正确遵守劳动标准的条件下同等地劳动，同等地领取报酬。对这些事情的计算和监督已被资本主义**简化**到了极点，而成为非常简单、任何一个识字的人都能胜任的手续——进行监察和登记，算算加减乘除和发发有关的字据。①

当**大多数**人对资本家（这时已成为职员）和保留着资本主义恶习的知识分子先生们开始独立进行和到处进行这种计算即这种监督的时候，这种监督就会成为真正包罗万象的、普遍的和全民的监督，对它就绝对无法逃避、"无处躲藏"了。

整个社会将成为一个管理处，成为一个劳动平等和报酬平等

---

① 当国家的最主要职能简化为由工人自己来进行的这样一种计算和监督的时候，国家就不再是"政治国家"，"社会职能就由政治职能变为简单的管理职能"（参看上面第4章第2节恩格斯同无政府主义者的论战）。

的工厂。

但是,无产阶级在战胜资本家和推翻剥削者以后在全社会推行的这种"工厂"纪律,决不是我们的理想,也决不是我们的最终目的,而只是为了彻底肃清社会上资本主义剥削制造成的卑鄙丑恶现象**和为了继续**前进所必需的一个**阶段**。

当社会全体成员或者哪怕是大多数成员**自己**学会了管理国家,自己掌握了这个事业,对极少数资本家、想保留资本主义恶习的先生们和深深受到资本主义腐蚀的工人们"调整好"监督的时候,对任何管理的需要就开始消失。民主愈完全,它成为多余的东西的时候就愈接近。由武装工人组成的、"已经不是原来意义上的国家"的"国家"愈民主,则**任何**国家就会愈迅速地开始消亡。

因为当**所有的人**都学会了管理,都来实际地独立地管理社会生产,对寄生虫、老爷、骗子等等"资本主义传统的保持者"独立地进行计算和监督的时候,逃避这种全民的计算和监督就必然会成为极难得逞的、极罕见的例外,可能还会受到极迅速极严厉的惩罚(因为武装工人是重实际的人,而不是重感情的知识分子;他们未必会让人跟自己开玩笑),以致人们对于人类一切公共生活的简单的基本规则就会很快从**必须**遵守变成**习惯**于遵守了。

到那时候,从共产主义社会的第一阶段过渡到它的高级阶段的大门就会敞开,国家也就随之完全消亡。

# 第 六 章

# 马克思主义被机会主义者庸俗化

国家对社会革命的态度和社会革命对国家的态度问题,像整个革命问题一样,是第二国际(1889—1914年)最著名的理论家和政论家们很少注意的。但是,在机会主义逐渐滋长而使第二国际在1914年破产的过程中,最突出的一点就是:甚至当他们直接遇到这个问题的时候,他们还是**竭力回避**或者不加理会。

总的看来可以说,由于在无产阶级革命对国家的态度问题上采取了有利于机会主义和助长机会主义的**躲躲闪闪的态度**,结果就产生了对马克思主义的**歪曲**和对马克思主义的完全庸俗化。

为了说明(哪怕是简要地说明)这个可悲的过程,我们就拿最著名的马克思主义理论家普列汉诺夫和考茨基来说吧。

## 1. 普列汉诺夫与无政府主义者的论战

普列汉诺夫写了一本专门论述无政府主义对社会主义的态度问题的小册子,书名叫《无政府主义和社会主义》,于1894年用德文出版。

普列汉诺夫竟有这样的本事,能够论述这个主题而完全回避反对无政府主义的斗争中最现实、最迫切、政治上最重要的问题,即革命对国家的态度和整个国家问题!他的这本小册子有两部分特别突出:一部分是历史文献,其中有关于施蒂纳和蒲鲁东等人思想演变的宝贵材料;另一部分是庸俗的,其中有关于无政府主义者与强盗没有区别这样拙劣的议论。

这两个主题拼在一起十分可笑,很足以说明普列汉诺夫在俄国革命前夜以及革命时期的全部活动,因为在 1905 — 1917 年,普列汉诺夫正是这样表明自己是在政治上充当资产阶级尾巴的半学理主义者**39**,半庸人。

我们已经看到,马克思和恩格斯在同无政府主义者论战时,怎样极其详尽地说明了自己在革命对国家的态度问题上的观点。恩格斯在 1891 年出版马克思的《哥达纲领批判》时写道:"那时〈第一〉国际海牙代表大会**40**闭幕才两年,我们〈即恩格斯和马克思〉正在同巴枯宁和他的无政府主义派进行最激烈的斗争"。①

无政府主义者正是企图把巴黎公社宣布为所谓"自己的",说它证实了他们的学说,然而他们根本不懂得公社的教训和马克思对这些教训的分析。对于是否需要**打碎**旧的国家机器以及**用什么东西**来代替这两个具体政治问题,无政府主义者连一个比较接近真理的答案都没有提出过。

但是在谈"无政府主义和社会主义"时回避整个国家问题,**不理会**马克思主义在公社以前和以后的全部发展,那就必然会滚到

---

① 参看《马克思恩格斯选集》第 3 版第 3 卷第 353 页。——编者注

机会主义那边去。因为机会主义求之不得的，正是完全**不提**我们刚才所指出的那两个问题。光是这一点，**已经**是机会主义的胜利了。

## 2. 考茨基与机会主义者的论战

考茨基的著作译成俄文的无疑比译成其他各国文字的要多得多。难怪有些德国社会民主党人开玩笑说，在俄国读考茨基著作的人比在德国还多（附带说一说，在这个玩笑里含有比开这个玩笑的人所料到的更深刻得多的历史内容：俄国工人在 1905 年对世界最优秀的社会民主主义文献中的最优秀的著作表现了空前强烈的、前所未见的需求，他们得到的这些著作的译本和版本也远比其他各国多，这样就把一个比较先进的邻国的丰富经验加速地移植到我国无产阶级运动这块所谓新垦的土地上来了）。

考茨基在俄国特别出名，是因为他除了对马克思主义作了通俗的解释，还同机会主义者及其首领伯恩施坦进行了论战。但是有一个事实几乎是没有人知道的，而如果想要考察一下考茨基在 1914—1915 年危机最尖锐时期怎样堕落到最可耻地表现出张皇失措和替社会沙文主义辩护的地步，那又不能放过这个事实。这个事实就是：考茨基在起来反对法国最著名的机会主义代表（米勒兰和饶勒斯）和德国最著名的机会主义代表（伯恩施坦）之前，表现过很大的动摇。1901—1902 年在斯图加特出版的、捍卫革命无产阶级观点的、马克思主义的《曙光》杂志[41]，曾不得不同考茨基进行**论战**，把他在 1900 年巴黎国际社会党代表大会[42]上提出的决议叫做"橡皮性"决议,因为这个决议对机会主义者的态度是暧昧的,躲躲闪闪的,调和的。在德国的书刊中还刊载过一些考茨基的信件,这些信件也表明他在攻击伯恩施坦之前有过很大的动摇。

但是另一件事情的意义更重大得多,这就是:现在,当我们来研究考茨基最近背叛马克思主义的**经过**的时候,就从他同机会主义者的论战本身来看,从他提问题和解释问题的方法来看,我们也看到,他恰恰是在国家问题上一贯倾向于机会主义。

我们拿考茨基反对机会主义的第一部大作《伯恩施坦与社会民主党的纲领》来说。考茨基详细地驳斥了伯恩施坦。但是下面的情况值得注意。

伯恩施坦在他著的有赫罗斯特拉特名声的《社会主义的前提》一书中,指责马克思主义为"**布朗基主义**"(此后,俄国机会主义者和自由派资产者千百次地重复这种指责,用以攻击革命马克思主义的代表布尔什维克)。而且伯恩施坦还特别谈到马克思的《法兰西内战》,企图(我们已经看到,这是枉费心机)把马克思对公社的教训的观点同蒲鲁东的观点混为一谈。伯恩施坦特别注意马克思在《共产党宣言》的 1872 年序言中着重指出的结论,这个结论说:"工人阶级不能简单地掌握现成的国家机器,并运用它来达到自己的目的。"①

伯恩施坦非常"喜爱"这句名言,所以他在自己那本书里至少重复了三遍,并且把它完全歪曲成机会主义的见解。

我们已经看到,马克思是想说工人阶级应当**打碎**、**摧毁**、**炸毁**(Sprengung——炸毁,是恩格斯用的字眼)全部国家机器。但在伯

---

① 见《马克思恩格斯选集》第 3 版第 1 卷第 377 页。——编者注

恩施坦看来,似乎马克思说这句话是告诫工人阶级**不要**在夺取政权时采取过激的革命手段。

不能想象对马克思思想的歪曲还有比这更严重更不像样的了。

而考茨基在详尽驳斥伯恩施坦主义[43]的时候是怎样做的呢?

他不去分析机会主义在这一点上对马克思主义的彻头彻尾的歪曲。他引证了我们在前面引证过的恩格斯为马克思的《内战》所写的导言中的一段话,然后就说:根据马克思的意见,工人阶级**不能简单地**掌握**现成的**国家机器,但一般说来它是**能够**掌握这个机器的。仅此而已。至于伯恩施坦把同马克思的真正思想**完全相反的东西**硬加在马克思的身上,以及马克思从 1852 年起就提出无产阶级革命负有"打碎"国家机器的任务[44],考茨基却只字不提。

结果是:马克思主义同机会主义在无产阶级革命的任务问题上的最本质的差别被考茨基抹杀了!

考茨基在"**反驳**"伯恩施坦时写道:"关于无产阶级专政问题,我们可以十分放心地留待将来去解决。"(德文版第 172 页)

这不是**反驳**伯恩施坦,同他进行论战,实际上是向他**让步**,是把阵地让给机会主义,因为机会主义者现在所需要的,恰恰是把关于无产阶级革命的任务的一切根本问题都"十分放心地留待将来去解决"。

马克思和恩格斯在 1852 年到 1891 年这 40 年当中,教导无产阶级应当打碎国家机器。而考茨基在 1899 年,当机会主义者在这一点上完全背叛马克思主义的时候,却用打碎国家机器的具体形式问题来**偷换**要不要打碎这个机器的问题,把我们无法预先知道具体形式这种"无可争辩的"（也是争不出结果的）庸俗道理当做护身符！！

在马克思和考茨基之间，在他们对无产阶级政党组织工人阶级进行革命准备这一任务所持的态度上，存在着一条不可逾越的鸿沟。

我们再拿考茨基后来一部更成熟的、在很大程度上也是为了驳斥机会主义的错误而写的著作来说。这就是他那本论"社会革命"的小册子。作者在这里把"无产阶级革命"和"无产阶级制度"的问题作为自己专门的研究课题。作者发表了许多极宝贵的见解，但是恰恰**回避了**国家问题。在这本小册子里，到处都在谈夺取国家政权，并且只限于此，也就是说，考茨基选择的说法是向机会主义者让步的，因为他认为**不破坏国家机器也能**夺得政权。恰巧马克思在1872年认为《共产党宣言》这个纲领中已经"过时的"东西**45**，考茨基却在1902年把它**恢复了**。

在这本小册子里，专门有这样一节："社会革命的形式与武器"。其中既讲到群众性的政治罢工，又讲到国内战争，又讲到"现代大国的强力工具即官僚和军队"，但是一个字也没有提到公社已经给了工人什么教训。可见，恩格斯告诫人们特别是告诫德国社会党人不要"盲目崇拜"国家，不是没有原因的。

考茨基把问题说成这样：胜利了的无产阶级"将实现民主纲领"。接着他叙述了纲领的各条。至于1871年在以无产阶级民主代替资产阶级民主的问题上所提出的一些新东西，他却一个字也没有提到。考茨基用下面这种听起来好像"冠冕堂皇"的陈词滥调来搪塞：

"不言而喻,在现行制度下我们是不能取得统治的。革命本身要求先要进行持久的和深入的斗争来改变我们目前的政治结构和社会结构。"

毫无疑义,这是"不言而喻"的,正如马吃燕麦和伏尔加河流入里海的真理一样。所可惜的是他通过"深入的"斗争这种空洞而浮夸的言词**回避了**革命无产阶级的迫切问题:**无产阶级**革命对国家、对民主的态度与以往非无产阶级革命不同的"深入的地方"**究竟在哪里**。

考茨基回避这个问题,**实际上就是**在这个最重要的问题上向机会主义让步,但他**在口头上**却气势汹汹地向它宣战,强调"革命这个思想"的意义(如果怕向工人宣传革命的具体教训,那么试问这种"思想"还有多大价值呢?),或者说"革命的理想主义高于一切",或者宣称英国工人现在"几乎与小资产者不相上下"。

考茨基写道:"在社会主义社会里同时并存的可以有……各种形式上极不相同的企业:官僚的〈??〉、工会的、合作社的、个人的"…… "例如,有些企业非有官僚〈??〉组织不可,铁路就是这样。在这里,民主组织可以采取这样的形式:工人选出代表来组成某种类似议会的东西,由这个议会制定工作条例并监督官僚机构的管理工作。有些企业可以交给工会管理,另外一些企业则可以按合作原则来组织。"(1903年日内瓦版俄译本第148页和第115页)

这种论断是错误的,它比马克思和恩格斯在70年代用公社的教训作例子来说明的倒退了一步。

从必须有所谓"官僚"组织这一点看来,铁路同大机器工业的一切企业,同任何一个工厂、大商店和大型资本主义农业企业根本没有区别。在所有这些企业中,技术条件都绝对要求严格地遵守纪律,要求每个人十分准确地执行给他指定的那一份工作,不然就会有完全停产或损坏机器和产品的危险。在所有这些企业中,工人当然要"选出代表来组成**某种类似议会的东西**"。

　　但是关键就在于这个"某种类似议会的东西"**不**会是资产阶级议会机构式的议会。关键就在于,这个"某种类似议会的东西"**不**会仅仅"制定条例和监督官僚机构的管理工作",像思想没有超出资产阶级议会制框子的考茨基所想象的那样。在社会主义社会里,由工人代表组成的"某种类似议会的东西"当然会"制定条例和监督""机构的""管理工作",**可是**这个机构却**不**会是"官僚的"机构。工人在夺得政权之后,就会把旧的官僚机构打碎,把它彻底摧毁,彻底粉碎,而用仍然由这些工人和职员组成的新机构来代替它;为了**防止**这些人变成官僚,就会立即采取马克思和恩格斯详细分析过的措施:(1)不但选举产生,而且随时可以撤换;(2)报酬不得高于工人的工资;(3)立刻转到使**所有的人**都来执行监督和监察的职能,使**所有的人**暂时都变成"官僚",因而使**任何人**都不能成为"官僚"。

　　考茨基完全没有弄清楚马克思的话:"公社是一个实干的而不是议会式的机构,它既是行政机关,同时也是立法机关。"①

　　考茨基完全不理解资产阶级议会制与无产阶级民主制度的区别,资产阶级议会制是把民主(**不是人民享受的**)同官僚制(**反人民的**)结合在一起,而无产阶级民主制度则立即采取措施来根除官僚制,它能够把这些措施实行到底,直到官僚制完全消灭,人民的民主完全实现。

　　考茨基在这里暴露出来的仍然是那个对国家的"盲目崇拜",对官僚制的"迷信"。

---

① 　见《马克思恩格斯选集》第 3 版第 3 卷第 98 页。——编者注

现在来研究考茨基最后的也是最好的一部反对机会主义者的著作,即他的《取得政权的道路》的小册子(好像没有俄文版本,因为它是在 1909 年我们国内最反动的时期出版的**46**)。这本小册子是一个很大的进步,因为它不像 1899 年所写的反对伯恩施坦的小册子那样泛谈革命纲领,也不像 1902 年写的小册子《社会革命》那样不涉及社会革命到来的时间问题而泛谈社会革命的任务,它谈的是那些使我们不得不承认"革命纪元"**已经到来**的具体情况。

作者明确地指出,阶级矛盾一般都在尖锐化,而帝国主义在这方面起着特别巨大的作用。在西欧"1789 — 1871 年的革命时期"之后,东方从 1905 年起也开始了同样的时期。世界大战已经迫在眉睫。"无产阶级已经不能再说革命为时过早了。""我们已经进入革命时期。""革命的纪元开始了。"

这些话是说得非常清楚的。应当把考茨基的这本小册子当做一个尺度来衡量一下,看看德国社会民主党在帝国主义战争以前**答应要做**什么,在战争爆发时它(包括考茨基本人)又堕落到多么卑鄙的地步。考茨基在这本小册子里写道:"目前的形势会引起这样一种危险:人们很容易把我们〈即德国社会民主党〉看得比实际上温和。"事实表明,德国社会民主党实际上比它表面看来要温和得多,要机会主义得多!

更值得注意的是,考茨基虽然如此明确地说革命纪元已经开始,但是就在他这本自称为专门分析"**政治**革命"问题的小册子里,却又完全回避了国家问题。

所有这些回避问题、保持缄默、躲躲闪闪的做法加在一起,就必然使他完全滚到机会主义那边去,这一点我们马上就要谈到。

德国社会民主党,以考茨基为代表,好像是在声明说:我仍然坚持革命观点(1899年);我特别承认无产阶级的社会革命是不可避免的(1902年);我承认革命的新纪元已经到来(1909年);但是,一涉及无产阶级革命在对待国家方面的任务问题,我还是要从马克思在1852年所说的话向后倒退(1912年)。

在考茨基与潘涅库克的论战中,问题就是这样明摆着的。

# 3. 考茨基与潘涅库克的论战

潘涅库克以"左翼激进"派的一个代表的资格出来反对考茨基,在这个派别内有罗莎·卢森堡、卡尔·拉狄克等人,这个派别坚持革命策略,一致确信考茨基已经转到"中派"立场而无原则地摇摆于马克思主义和机会主义之间。这个看法已经由战争充分证明是正确的,在战时,"中派"(有人称它为马克思主义的派别是错误的),即"考茨基派",充分暴露了它的丑态。

潘涅库克在一篇谈到了国家问题的文章《群众行动与革命》(《新时代》杂志第30年卷(1912)第2册)里,说考茨基的立场是"消极的激进主义"立场,是"毫无作为的等待论"。"考茨基不愿看到革命的过程。"(第616页)潘涅库克这样提出问题,就接触到了我们所关心的关于无产阶级革命在对待国家方面的任务问题。

他写道:"无产阶级的斗争不单纯是**为了**国家政权而反对资产阶级的斗争,而且是**反对**国家政权的斗争……　无产阶级革命的内容,就是用无产阶级的强力工具去消灭和取消〈Auflösung——直译是解散〉国家的强力工具……　只有当斗争的最后结果是国家组织的完全破坏时,斗争才告终止。多数人的组织的优越性的证明,就是它能消灭占统治地位的少数人的组织。"(第548页)

　　潘涅库克表达自己思想的时候在措辞上有很大的缺点,但是意思还是清楚的,现在来看一看考茨基**怎样**反驳这种思想倒是很有意思的。

　　考茨基写道:"到现在为止,社会民主党人与无政府主义者之间的对立,就在于前者想夺取国家政权,后者却想破坏国家政权。潘涅库克则既想这样又想那样。"(第724页)

　　如果说潘涅库克的说法犯了不明确和不具体的毛病(他的文章中其他一些与本题无关的缺点,这里暂且不谈),那么考茨基倒恰恰是把潘涅库克指出的**具有原则意义的**实质抓住了,而就在这个**根本的具有原则意义的**问题上,他完全离开了马克思主义立场,完全转到机会主义那边去了。他对社会民主党人与无政府主义者的区别所作的说明是完全不对的,马克思主义完全被他歪曲和庸俗化了。

　　马克思主义者与无政府主义者之间的区别在于:(1)马克思主义者的目的是完全消灭国家,但他们认为,只有在社会主义革命把阶级消灭之后,即导向国家消亡的社会主义建立起来之后,这个目的才能实现;无政府主义者则希望在一天之内完全消灭国家,他们不懂得实现这个消灭的条件。(2)马克思主义者认为无产阶级在夺得政权之后,必须彻底破坏旧的国家机器,用武装工人的组织组成的、公社那种类型的新的国家机器来代替它;无政府主义者主张破坏国家机器,但是,他们完全没有弄清楚无产阶级将**用什么**来代替它以及无产阶级将**怎样**利用革命政权;无政府主义者甚至否定革命无产阶级应利用国家政权,否定无产阶级的革命专政。(3)马克思主义者主张通过利用现代国家来使无产阶级进行革命的准备;无政府主义者则否定这一点。

在这场争论中,代表马克思主义的恰恰是潘涅库克而不是考茨基,因为正是马克思教导我们说,无产阶级不能简单地夺取国家政权,也就是说,不能只是使旧的国家机构转到新的人手中,而应当打碎、摧毁这个机构,用新的机构来代替它。

考茨基离开马克思主义而转到机会主义者那边去了,因为正是机会主义者所完全不能接受的破坏国家机器的思想在他那里完全不见了,而他把"夺取"解释成简单地获得多数,这也给机会主义者留下了后路。

考茨基为了掩饰自己对马克思主义的歪曲,就采用了书呆子的办法:"引证"马克思本人的话。马克思在 1850 年曾说必须"坚决地把权力集中在国家政权手中"[47]。考茨基就得意扬扬地问道:潘涅库克是不是想破坏"集中制"呢?

这不过是一种把戏,正像伯恩施坦说马克思主义和蒲鲁东主义都主张用联邦制代替集中制一样。

考茨基的"引证"是牛头不对马嘴。集中制无论在旧的国家机器或新的国家机器的条件下,都是可能实现的。工人们自愿地把自己的武装力量统一起来,这就是集中制,但这要以"完全破坏"常备军、警察和官僚这种集中制的国家机构为基础。考茨基采取了十足的欺骗手段,回避了大家都知道的马克思和恩格斯关于公社的言论,却搬出一些文不对题的引证来。

考茨基继续写道:"……也许是潘涅库克想要取消官吏的国家职能吧?但是,我们无论在党组织或在工会组织内都非有官吏不可,更不必说在国家管理机关内了。我们的纲领不是要求取消国家官吏,而是要求由人民选举官吏…… 现在我们谈的并不是'未来的国家'的管理机构将采取什么样的形式,而是**在我们夺取国家政权以前**〈黑体是考茨基用的〉我们的政治斗争要不要消灭〈auflöst——直译是解散〉国家政权。哪一个部和它的官吏可以取消呢?"他列举了教育部、司法部、财政部、陆军部。"不,现有各部中没有一个部是我们反政府的政治斗争要取消的……　为了避免误会,我再说一遍:现在谈的不是获得胜利的社会民主党将赋予'未来的国家'以什么样的形式,而是我们作为反对党应该怎样去改变现今的国家。"(第725页)

这显然是故意歪曲。潘涅库克提出的正是**革命**问题。这无论在他那篇文章的标题上或在上面所引的那段话中都讲得很清楚。考茨基跳到"反对党"问题上去,正是以机会主义观点偷换革命观点。照他的意思:现在我们是反对党,到夺取政权**以后**我们再专门来谈。**革命不见了!** 这正是机会主义者所需要的。

这里所说的不是反对党,也不是一般的政治斗争,而正是**革命**。革命就是无产阶级**破坏**"管理机构"和**整个**国家机构,用武装工人组成的新机构来代替它。考茨基暴露了自己对"各部"的"盲目崇拜",试问,为什么不可以由——譬如说——拥有全权的工兵代表苏维埃设立的各种专家委员会去代替"各部"呢?

问题的本质完全不在于将来是否保留"各部",是否设立"各种专家委员会"或其他什么机构,这根本不重要。问题的本质在于:是保存旧的国家机器(它与资产阶级有千丝万缕的联系,并且浸透了因循守旧的恶习)呢,还是**破坏**它并用**新的**来代替它。革命不应当是新的阶级利用**旧的**国家机器来指挥、管理,而应当是新的阶级**打碎**这个机器,利用**新的**机器来指挥、管理,——这就是考茨基所抹杀或者完全不理解的马克思主义的**基本**思想。

他提出的官吏问题,清楚地表明他不理解公社的教训和马克思的学说。他说:"我们无论在党组织或在工会组织内都非有官吏不可……"

我们**在资本主义下**，在**资产阶级统治**下是非有官吏不可的。无产阶级受资本主义的压迫，劳动群众受资本主义的奴役。在资本主义下，由于雇佣奴隶制和群众贫困的整个环境，民主制度受到束缚、限制、阉割和弄得残缺不全。因为这个缘故，而且仅仅因为这个缘故，我们政治组织和工会组织内的公职人员是受到了资本主义环境的腐蚀（确切些说，有被腐蚀的趋势），是有变为官僚的趋势，也就是说，是有变为脱离群众、凌驾于群众**之上**、享有特权的人物的趋势。

这就是官僚制的**实质**，在资本家被剥夺以前，在资产阶级被推翻以前，**甚至**无产阶级的公职人员也免不了在一定程度上"官僚化"。

在考茨基看来，既然选举产生的公职人员还会存在，那也就是说，官吏在社会主义下也还会存在，官僚还会存在！这一点恰恰是不对的。马克思正是以公社为例指出，在社会主义下，公职人员将不再是"官僚"或"官吏"，其所以能如此，那是**因为**除了选举产生，**还**可以随时撤换，**并且还**把报酬减到工人平均工资的水平，**并且还**以"实干的即既是行政的，同时也是立法的"机构去代替议会式的机构。①

实质上，考茨基用来反驳潘涅库克的全部论据，特别是考茨基说我们无论在工会组织或在党组织内都非有官吏不可这个绝妙的理由，证明考茨基是在重复过去伯恩施坦用来反对马克思主义的那一套"理由"。伯恩施坦在他那本背叛变节的作品《社会主义的前提》中，激烈反对"原始"民主的思想，反对他所称为"学理主义

---

① 参看《马克思恩格斯选集》第 3 版第 3 卷第 98 页。——编者注

的民主制度"的东西,即实行限权委托书制度,公职人员不领报酬,中央代表机关软弱无力等等。为了证明这种"原始"民主制度的不中用,伯恩施坦就援引了韦伯夫妇所阐述的英国工联的经验[48]。据说,工联根据自己70年来在"完全自由"(德文版第137页)的条件下发展的情形,确信原始的民主制度已不中用,因而用普通的民主制度,即与官僚制相结合的议会制代替了它。

其实,工联并不是在"完全自由"的条件下,**而是在完全的资本主义奴役下**发展的,在这种奴役下,对普遍存在的邪恶现象、暴虐、欺骗以及把穷人排斥在"最高"管理机关之外的现象,自然非作种种让步"不可"。在社会主义下,"原始"民主的许多东西都必然会复活起来,因为人民**群众**在文明社会史上破天荒第一次站起来了,不仅**独立地**参加投票和选举,**而且独立地**参加**日常管理**。在社会主义下,**所有的人**将轮流来管理,因此很快就会习惯于不要任何人来管理。

马克思以其天才的批判分析才能,从公社所采取的实际措施中看到了一个**转变**。机会主义者因为胆怯,因为不愿意与资产阶级断然决裂而害怕这个转变,不愿意承认这个转变;无政府主义者则由于急躁或由于根本不懂得大规模社会变动的条件而不愿意看到这个转变。"根本用不着考虑破坏旧的国家机器,我们没有各部和官吏可不行啊!"——机会主义者就是这样议论的,他们满身庸人气,实际上不但不相信革命和革命的创造力,而且还对革命害怕得要死(像我国孟什维克和社会革命党人害怕革命一样)。

"**只需要考虑破坏旧的国家机器**,用不着探究以往无产阶级革命的**具体**教训,用不着分析应当**用什么**来代替和**怎样**代替要破坏的东西。"——无政府主义者(当然是无政府主义者当中的优秀分子,而不是那些追随克鲁泡特金之流的先生去做资产阶级尾巴的无政府主义者)就是这样议论的;所以他们就采取**拼命的**策略,而不是为完成具体的任务以大无畏的精神同时考虑到群众运动的实际条件来进行革命的工作。

马克思教导我们要避免这两种错误,教导我们要以敢于舍身的勇气去破坏全部旧的国家机器,同时又教导我们要具体地提问题:看,公社就是通过实行上述种种措施来扩大民主制度和根绝官僚制,得以在数星期内**开始**建立**新的**无产阶级的国家机器。我们要学习公社战士的革命勇气,要把他们的实际措施看做是具有实际迫切意义并立即可行的那些措施的一个**轮廓**,如果**沿着这样的道路前进**,我们就一定能彻底破坏官僚制。

彻底破坏官僚制的可能性是有保证的,因为社会主义将缩短工作日,使**群众**能过新的生活,使**大多数**居民无一例外地**人人**都来执行"国家职能",这也就会使任何国家**完全消亡**。

考茨基继续写道:"……群众罢工的任务在任何时候都不能是**破坏**国家政权,而只能是促使政府在某个问题上让步,或用一个同情无产阶级的政府去代替敌视无产阶级的政府…… 可是,在任何时候,在任何条件下,这〈即无产阶级对敌对政府的胜利〉都不能导致国家政权的**破坏**,而只能引起**国家政权内部**力量对比的某种**变动**…… 因此,我们政治斗争的目的,和从前一样,仍然是以取得议会多数的办法来夺取国家政权,并且使议会变成政府的主宰。"(第726、727、732页)

这真是最纯粹最庸俗的机会主义,是口头上承认革命而实际上背弃革命。考茨基的思想仅限于要一个"同情无产阶级的政府",这与1847年《共产党宣言》宣告"无产阶级组织成为统治阶级"①比较

---

① 参看《马克思恩格斯选集》第3版第1卷第421页。——编者注

起来,是倒退到了庸人思想的地步。

考茨基只得去同谢德曼、普列汉诺夫和王德威尔得之流实行他所爱好的"统一"了,因为他们都赞成为争取一个"同情无产阶级的"政府而斗争。

我们却要同这些社会主义的叛徒决裂,要为破坏全部旧的国家机器而斗争,使武装的无产阶级自己**成为政府**。这二者有莫大的区别。

考茨基只得成为列金和大卫之流,普列汉诺夫、波特列索夫、策列铁里和切尔诺夫之流的亲密伙伴了,因为他们完全赞同为争取"国家政权内部力量对比的变动"而斗争,为"取得议会多数和争取一个主宰政府的全权议会"而斗争,——这是一个极为崇高的目的,在这个目的下,一切都可以为机会主义者接受,一切都没有超出资产阶级议会制共和国的框子。

我们却要同机会主义者决裂;整个觉悟的无产阶级将同我们一起进行斗争,不是去争取"力量对比的变动",而是去**推翻资产阶级**,**破坏**资产阶级的议会制,建立公社类型的民主共和国或工兵代表苏维埃共和国,建立无产阶级的革命专政。

＊　　　　＊　　　　＊

在国际社会主义运动中比考茨基更右的派别,在德国有《社会主义月刊》派**49**(列金、大卫、科尔布以及其他许多人,其中还包括斯堪的纳维亚人斯陶宁格和布兰亭),在法国和比利时有饶勒斯派**50**和王德威尔得,在意大利党**51**内有屠拉梯、特雷维斯以及其他右翼代表,在英国有费边派和"独立党人"(即"独立工党"**52**,实际上始终依附于自由派的党),如此等等。所有这些无论在议会工作中或在党的政论方面都起着很大作用而且往往是主要作用的先生,都公开否认无产阶级专政,实行露骨的机会主义。在这些先生看来,无产阶级"专政"是与民主"矛盾"的!! 他们在实质上跟小资产阶级民主派并没有重大的区别。

鉴于这种情况,我们有理由得出结论:第二国际的绝大多数正式代表已经完全滚到机会主义那边去了。公社的经验不仅被忘记了,而且被歪曲了。他们不仅没有教导工人群众说,工人们应当起来的时候快到了,应当打碎旧的国家机器、代之以新的国家机器从而把自己的政治统治变为对社会进行社会主义改造的基础的时候快到了,——他们不仅没有这样做,反而教导工人群众相反的东西,而他们对"夺取政权"的理解,则给机会主义留下无数的后路。

当着国家,当着军事机构由于帝国主义竞赛而强化的国家已经变成军事怪物,为着解决究竟由英国还是德国、由这个金融资本还是那个金融资本来统治世界的争执而去屠杀千百万人的时候,在这样的时候歪曲和避而不谈无产阶级革命对国家的态度问题,就不能不产生极大的影响。①

---

① 手稿上还有下面这一段:

## "第 七 章
## 1905 年和 1917 年俄国革命的经验

这一章的题目非常大,可以而且应当写几卷书来论述它。这本小册子自然就只能涉及与无产阶级在革命中在对待国家政权方面的任务直接有关的最主要的经验教训了。"(手稿到此中断。)——俄文版编者注

1929—1949 年我国出版的
列宁《国家与革命》一书的部分版本

# 第 一 版 跋

　　这本小册子是在 1917 年 8、9 月间写成的。我当时已经拟定了下一章即第 7 章《1905 年和 1917 年俄国革命的经验》的提纲。但这一章除了题目以外,我连一行字也没有来得及写,因为 1917 年十月革命前夜的政治危机"妨碍"了我。对于这种"妨碍",只有高兴。但是本书第 2 册(《1905 年和 1917 年俄国革命的经验》)看来只好长时间拖下去了;做出"革命的经验"是会比论述"革命的经验"更愉快、更有益的。

作 者

1917 年 11 月 30 日于彼得格勒

1918 年在彼得格勒印成单行本　　　　　　　选自《列宁选集》第 3 版修订版
　　　　　　　　　　　　　　　　　　　　　　　第 3 卷第 109—221 页

# 附　　录

# 列　宁

# 论　国　家

在斯维尔德洛夫大学的讲演

**(1919 年 7 月 11 日)**

　　同志们！根据你们拟定并通知我的计划,今天要讲的题目是国家问题。我不知道你们对这个问题已经熟悉到什么程度。如果我没有弄错,你们的训练班刚开课,你们是第一次有系统地研究这个问题。既然如此,这个困难的问题的第一讲,就很可能做不到使你们中间很多人都充分明白,充分了解。要真的是这样,我请你们不要懊丧,因为国家问题是一个最复杂最难弄清的问题,也可说是一个被资产阶级的学者、作家和哲学家弄得最混乱的问题。因此,绝对不要指望在一次短短的讲课中就能把这个问题完全弄清楚。听了这个问题的第一次讲课以后,你们应该把不理解或不明白的地方记下来,三番五次地加以研究,将来在看书、听讲中进一步把不明白的地方弄清楚。我希望我们还能再谈一次,那时可以就所有提出的问题交换意见,检查一下究竟哪些地方最不明白。我也希望除听讲以外,你们还花些时间,把马克思和恩格斯的主要著作至少读几本。毫无疑问,你们在参考书目中,在你们图书馆里供苏维埃工作和党务工作学校学员用的参考书中,一定能找到这些主要著作。不过起初也许有人又会因为难懂而被吓住,所以要再次提醒你们不要因此懊丧,第一次阅读时不明白的地方,下次再读的时候,或者以后从另一方面来研究这个问题的时候,就会明白的,因为,我再说一遍,这个问题极其复杂,又被资产阶级的学者和作家弄得极为混乱,想认真考察和独立领会它的人,都必须再三研究,反复探讨,从各方面思考,才能获得明白透彻的了解。你们反复探讨这个问题的机会很多,因为这是全部政治的基本问题,根本问题,别说在我们现时所处的这样一个革命风暴时期,就是在最平静的时期,在不论哪天哪份报纸上,只要涉及经济或政治,你们都会碰到这样的问题:国家是什么,国家的实质是什么,国家的意义是什么,我们这个为推翻资本主义而斗争的党即共产党对国家的态度又是什么。你们每天都会因为这种或那种原因遇到这个问题。最主要的,是你们要从阅读中,从听国家问题的讲课中,学会独立地观察这个问题,因为你们在各种各样的场合,在每个细小问题上,在非常意外的情况下,在谈话中,在同论敌争论时,都会遇到这个问题。只有学会独立地把这个问题弄清楚,你们才能认为自己的信念已经十分坚定,才能在任何人面前,在任何时候,很好地坚持这种信念。

作了这几点小小的说明之后,现在我来谈本题,谈谈什么是国家,它是怎样产生的,为彻底推翻资本主义而奋斗的工人阶级政党——共产党对国家的态度基本上应当是怎样的。

我已经说过,未必还能找到别的问题,会像国家问题那样,被资产阶级的科学家、哲学家、法学家、政治经济学家和政论家有意无意地弄得这样混乱不堪。直到现在,往往还有人把这个问题同宗教问题混为一谈,不仅宗教学说的代表人物(他们这样做是十分自然的),而且自以为没有宗教偏见的人,也往往把专门的国家问题同宗教问题混为一谈,并且企图建立某种具有一套哲学见解和论据的往往异常复杂的学说,说国家是一种神奇的东西,是一种超自然的东西,是一种人类赖以生存的力量,是赋予或可能赋予人们某种并非来自人本身而来自外界的东西的力量,说国家是上天赋予的力量。必须指出,这个学说同剥削阶级——地主资本家的利益有极密切的联系,处处为他们的利益服务,深深浸透了资产阶级代表先生们的一切习惯、一切观点和全部科学,因此,你们随时随地都会遇见这一学说的残余,甚至那些愤慨地否认自己受宗教偏见支配并且深信自己能够清醒地看待国家的孟什维克和社会革命党人[3]的观点也不例外。这个问题所以被人弄得这样混乱,这样复杂,是因为它比其他任何问题更加牵涉到统治阶级的利益(在这一点上它仅次于经济学中的基本问题)。国家学说被用来为社会特权辩护,为剥削的存在辩护,为资本主义的存在辩护,因此,在这个问题上指望人们公正无私,以为那些自称具有科学性的人会给你们拿出纯粹科学的见解,那是极端错误的。当你们熟悉了和充分钻研了国家问题的时候,你们在国家问题、国家学说、国家理论上,会随时看到各个不同阶级之间的斗争,看到这个斗争在各种国家观点的争论中、在对国家的作用和意义的估计上都有反映或表现。

要非常科学地分析这个问题,至少应该对国家的产生和发展作一个概括的历史的考察。在社会科学问题上有一种最可靠的方法,它是真正养成正确分析这个问题的本领而不致淹没在一大堆细节或大量争执意见之中所必需的,对于用科学眼光分析这个问题来说是最重要的,那就是不要忘记基本的历史联系,考察每个问题都要看某种现象在历史上怎样产生、在发展中经过了哪些主要阶段,并根据它的这种发展去考察这一事物现在是怎样的。

我希望你们在研究国家问题的时候看看恩格斯的著作《家庭、私有制和国家的起源》①。这是现代社会主义的基本著作之一,其中每一句话都是可以相信的,每一句话都不是凭空说的,而是根据大量的史料和政治材料写成的。当然,这部著作并不是全都浅显易懂,其中某些部分是要读者具有相当的历史知识和经济知识才能看懂的。我还要重复说,如果这部著作你们不能一下子读懂,那也不必懊丧。几乎从来没有哪一个人能做到这一点。可是,当你们以后一旦发生兴趣而再来研究时,即使不能全部读懂,也一定能读懂绝大部分。我所以提到这部著作,是因为它在这方面提供了正确观察问题的方法。它从叙述历史开始,讲国家是怎样产生的。

这个问题也和所有的问题(如资本主义、人对人的剥削怎样产生,社会主义怎样出现,它产生的条件是什么)一样,要正确地分析它,要有把握地切实地解决它,就必须对它的整个发展过程作历史的考察。研究国家问题的时候,首先就要注意,国家不是从来就有的。曾经有过一个时候是没有国家的。国家是在社会划分为阶级的地方和时候、在剥削者和被剥削者出现的时候才出现的。

在第一种人剥削人的形式、第一种阶级划分(奴隶主和奴隶)的形式尚未出现以前,还存在着父权制的或有时称为**克兰制的**(克兰就是家族,氏族。当时人们生活在氏族中,生活在家族中)家庭,这种原始时代的遗迹在很多原始民族的风俗中还表现得十

① 见《马克思恩格斯选集》第 3 版第 4 卷。——编者注

分明显,不管你拿哪一部论述原始文化的著作来看,都可以遇到比较明确的描写、记载和回忆,说有过一个多少与原始共产主义相似的时代,那时社会并没有分为奴隶主和奴隶。那时还没有国家,没有系统地使用暴力和强迫人们服从暴力的特殊机构。这样的机构就叫做国家。

在人们还在不大的氏族中生活的原始社会里,还处于最低发展阶段即处于近乎蒙昧的状态,在与现代文明人类相距几千年的时代,还看不到国家存在的标志。我们看到的是风俗的统治,是族长所享有的威信、尊敬和权力,我们看到这种权力有时是属于妇女的——妇女在当时不像现在这样处在无权的被压迫的地位——但是在任何地方我们都看不到一种特殊**等级**的人分化出来管理他人并为了管理而系统地一贯地掌握着某种强制机构即暴力机构,这种暴力机构,大家知道,现在就是武装队伍、监狱及其他强迫他人意志服从暴力的手段,即构成国家实质的东西。

如果把资产阶级学者编造出来的所谓宗教学说、诡辩、哲学体系以及各种各样的见解抛开,而去探求问题的实质,那我们就会看到,国家正是这种从人类社会中分化出来的管理机构。当专门从事管理并因此而需要一个强迫他人意志服从暴力的特殊强制机构(监狱、特殊队伍即军队,等等)的特殊集团出现时,国家也就出现了。

但是曾经有过一个时候,国家并不存在,公共联系、社会本身、纪律以及劳动规则全靠习惯和传统的力量来维持,全靠族长或妇女享有的威信或尊敬(当时妇女往往不仅同男子处于平等地位,而且有时还占有更高的地位)来维持,没有专门从事管理的人构成的特殊等级。历史告诉我们,国家这种强制人的特殊机构,只是在社会划分为阶级，即划分为这样一些集团，其中一些集团能够经常占有另一些集团的劳动的地方和时候，只是在人剥削人的地方，才产生出来的。

我们始终都要记住历史上社会划分为阶级这一基本事实。世界各国所有人类社会数千年来的发展，都向我们表明了它如下的一般规律、常规和次序：起初是无阶级的社会——父权制原始社会，即没有贵族的原始社会；然后是以奴隶制为基础的社会，即奴隶占有制社会。整个现代的文明的欧洲都经过了这个阶段，奴隶制在两千年前占有完全统治的地位。世界上其余各洲的绝大多数民族也都经过这个阶段。在最不发达的民族中，现在也还有奴隶制的遗迹，例如在非洲现时还可以找到奴隶制的设施。奴隶主和奴隶是第一次大规模的阶级划分。前一集团不仅占有一切生产资料（即土地和工具，尽管当时工具还十分简陋），并且还占有人。这个集团就叫做奴隶主，而从事劳动并把劳动果实交给别人的人则叫做奴隶。

在历史上继这种形式之后的是另一种形式，即农奴制。在绝大多数国家里，奴隶制发展成了农奴制。这时社会基本上分为农奴主-地主和农奴制农民。人与人的关系的形式改变了。奴隶主把奴隶当做自己的财产，法律把这种观点固定下来，认为奴隶是一种完全被奴隶主占有的物品。农奴制农民仍然遭受阶级压迫，处于依附地位，但农奴主-地主不能把农民当做物品来占有了，而只有权占有农民的劳动，有权强迫农民尽某种义务。其实，大家知道，农奴制，特别是在俄国维持得最久、表现得最粗暴的农奴制，同奴隶制并没有什么区别。

后来，在农奴制社会内，随着商业的发展和世界市场的出现，随着货币流通的发展,产生了一个新的阶级,即资本家阶级。从商品中,从商品交换中,从货币权力的出现中,产生了资本权力。在18世纪(更正确些说,从18世纪末起)和19世纪,世界各地发生了革命。农奴制在西欧各国被取代了。这一点在俄国发生得最晚。俄国在1861年也发生了变革,结果一种社会形式被另一种社会形式所代替——农奴制被资本主义所代替。在资本主义制度下,阶级划分仍然存在,还保留着农奴制的各种遗迹和残余,但是阶级划分基本上具有另一种形式。

资本占有者、土地占有者、工厂占有者在一切资本主义国家中始终只占人口的极少数,他们支配着全部国民劳动,就是说,使全体劳动群众受其支配、压迫和剥削;这些劳动群众大多数是无产者,是雇佣工人,他们在生产过程中全靠出卖双手、出卖劳动力来获得生活资料。在农奴制时代分散的和受压迫的农民,在过渡到资本主义的时候,一部分(大多数)变成无产者,一部分(少数)变成富裕农民,后者自己雇用工人,成为农村资产阶级。

你们应当时刻注意到社会从奴隶制的原始形式过渡到农奴制、最后又过渡到资本主义这一基本事实,因为只有记住这一基本事实,只有把一切政治学说纳入这个基本范围,才能正确评价这些学说,认清它们的实质,因为人类史上的每一个大的时期(奴隶占有制时期、农奴制时期和资本主义时期)都长达许多世纪,出现过各种各样政治形式,各种各样的政治学说、政治见解和政治革命,要弄清这一切光怪陆离、异常繁杂的情况,特别是与资产阶级的学者和政治家的政治、哲学等等学说有关的情况,就必须牢牢把握住社会划分为阶级的事实,阶级统治形式改变的事实,把它作为基本的指导线索,并用这个观点去分析一切社会问题,即经济、政治、精神和宗教等等问题。

你们根据这种基本划分来观察国家,就会看出,如我在上面所说的那样,在社会划分为阶级以前国家是不存在的。但是随着社会阶级划分的发生和巩固,随着阶级社会的产生,国家也产生和巩固起来。在人类史上有几十个几百个国家经历过和经历着奴隶制、农奴制和资本主义。在每一个国家内,虽然有过巨大的历史变化,虽然发生过各种与人类从奴隶制经农奴制到资本主义、到现在全世界的反资本主义斗争这一发展过程相联系的政治变迁和革命,但你们总可以看到国家的出现。国家一直是从社会中分化出来的一种机构,是由一批专门从事管理、几乎专门从事管理或主要从事管理的人组成的一种机构。人分为被管理者和专门的管理者,后者高居于社会之上,称为统治者,称为国家代表。这个机构,这个管理别人的集团,总是把持着一定的强制机构,实力机构,不管这种加之于人的暴力表现为原始时代的棍棒,或是奴隶制时代较为完善的武器,或是中世纪出现的火器,或是完全利用现代技术最新成果造成的、堪称 20 世纪技术奇迹的现代化武器,反正都是一样。使用暴力的手段虽然改变,但是只要国家存在,每个社会就总有一个集团进行管理,发号施令,实行统治,并且为了维持政权而把实力强制机构、其装备同每个时代的技术水平相适应的暴力机构把持在自己手中。我们仔细地观察了这种共同现象就要问,为什么在没有阶级、没有剥削者和被剥削者的时候就没有国家,为什么国家产生于阶级出现的时候,——只有这样,我们才能给国家的实质和意义的问题找到一个确切的回答。

国家是维护一个阶级对另一个阶级的统治的机器。当社会上还没有阶级的时候,当人们还在奴隶制时代以前,在较为平等的原始条件下,在劳动生产率还非常低的条件下从事劳动的时候,当原始人很费力地获得必需的生活资料来维持最简陋的原始生活的时候,没有产生而且不可能产生专门分化出来实行管理并统治社会上其余一切人的特殊集团。只有当社会划分为阶级的第一种形式出现时,当奴隶制出现时,当某一阶级有可能专门从事最简单的农业劳动而生产出一些剩余物时,当这种剩余物对于奴隶维持最贫苦的生活并非绝对必需而由奴隶主攫为己有时,当奴隶主阶级的地位已经因此巩固起来时,为了使这种地位更加巩固,就必须有国家了。

于是出现了奴隶占有制国家,出现了一个使奴隶主握有权力、能够管理所有奴隶的机构。当时无论是社会或国家都比现在小得多,交通极不发达,没有现代的交通工具。当时山河海洋所造成的障碍比现在大得多,所以国家是在比现在狭小得多的疆域内形成起来的。技术薄弱的国家机构只能为一个版图较小、活动范围较小的国家服务。但是终究有一个机构来强迫奴隶始终处于奴隶地位,使社会上一部分人受另一部分人的强制、压迫。要强迫社会上的绝大多数人经常替另一部分人做工,就非有一种经常性的强制机构不可。当没有阶级的时候,也就没有这种机构。在阶级出现以后,随着阶级划分的加强和巩固,随时随地就有一种特殊的机关即国家产生出来。国家形式是多种多样的。在奴隶占有制时期,在当时最先进、最文明、最开化的国家内,例如在完全建立于奴隶制之上的古希腊和古罗马,已经有各种不同的国家形式。那时已经有君主制和共和制、贵族制和民主制的区别。君主制是一人掌握权力,共和制是不存在任何非选举产生的权力机关;贵族制是很少一部分人掌握权力,民主制是人民掌握权力(民主制一词按希腊文直译过来,意思是人民掌握权力)。所有这些区别在奴隶制时代就产生了。虽然有这些区别,但奴隶占有制时代的国家,不论是君主制,还是贵族的或民主的共和制,都是奴隶占有制国家。

不管是谁讲古代史课,你们都会听到君主制国家和共和制国家斗争的情况,但基本的事实是奴隶不算是人;奴隶不仅不算是公民,而且不算是人。罗马的法律把奴隶看成一种物品。关于杀人的法律不适用于奴隶,更不用说其他保护人身的法律了。法律只保护奴隶主,只把他们看做是有充分权利的公民。不论当时所建立的是君主国还是共和国,都不过是奴隶占有制君主国或奴隶占有制共和国。在这些国家中,奴隶主享有一切权利,而奴隶按法律规定却是一种物品,对他们不仅可以随便使用暴力,就是杀死奴隶也不算犯罪。奴隶占有制共和国按其内部结构来说分为两种:贵族共和国和民主共和国。在贵族共和国中参加选举的是少数享有特权的人,在民主共和国中参加选举的是全体,但仍然是奴隶主的全体,奴隶是除外的。我们必须注意到这种基本情况,因为它最能说明国家问题,最能清楚地表明国家的实质。

国家是一个阶级压迫另一个阶级的机器,是迫使一切从属的阶级服从于一个阶级的机器。这个机器有各种不同的形式。奴隶占有制国家可以是君主国,贵族共和国,甚至可以是民主共和国。管理形式确实是多种多样,但本质只是一个:奴隶没有任何权利,始终是被压迫阶级,不算是人。农奴制国家也有同样的情况。

由于剥削形式的改变,奴隶占有制国家变成了农奴制国家。这件事有很大的意义。在奴隶占有制社会中,奴隶完全没有权利,根本不算是人;在农奴制社会中,农民被束缚在土地上。农奴制的基本特征,就是农民(当时农民占大多数,城市人口极少)被禁锢在土地上,这就是农奴制这一概念的由来。农民可以在地主给他的那一块土地上为自己劳动一定的天数,其余的日子则替老爷干活。阶级社会的实质仍然存在:社会是靠阶级剥削来维持的。只有地主才能有充分的权利,农民是没有权利的。实际上,农民的地位与奴隶占有制国家内奴隶的地位没有多大区别。但是通向农民解放的道路毕竟是比较宽广了,因为农奴制农民已不算是地主的直接私有物。农奴制农民可以把一部分时间用在自己那块土地上,可以说,他在某种程度上是属于他自己了。由于交换和贸易关系有了更广泛的发展,农奴制日益解体,农民解放的机会也日益增多。农奴制社会总是比奴隶占有制社会更复杂。农奴制社会有发展商业和工业的巨大因素,这在当时就导致了资本主义。在中世纪,农奴制占优势。当时的国家形式也是多样的,既有君主制也有共和制(虽然远不如前者明显),但始终只有地主-农奴主才被认为是统治者。农奴制农民根本没有任何政治权利。

无论在奴隶制下或农奴制下,少数人对绝大多数人进行统治,非采取强制手段不可。全部历史充满了被压迫阶级要推翻压迫的接连不断的尝试。在奴隶制历史上有过多次长达几十年的奴隶解放战争。顺便说说,现在德国共产党人,即德国唯一真正反对资本主义桎梏的政党,取名为"斯巴达克派"[53],就因为斯巴达克是大约两千年前最大一次奴隶起义中的一位最杰出的英雄。完全建立于奴隶制上的仿佛万能的罗马帝国,许多年中一直受到在斯巴达克领导下武装起来、集合起来并组成一支大军的奴隶的大规模起义的震撼和打击。最后,这些奴隶有的被打死,有的被俘虏,遭受奴隶主的酷刑。这种国内战争贯穿着阶级社会的全部历史。我刚才举的例子就是奴隶占有制时代这种国内战争中最大的一次。整个农奴制时代也同样充满着不断的农民起义。例如在中世纪的德国,地主和农奴这两个阶级之间的斗争达到了很大的规模,变成了农民反对地主的国内战争。你们大家都知道,在俄国也多次发生过这种农民反对地主-农奴主的起义。

地主为了维持自己的统治,为了保持自己的权力,必须有一种机构能使大多数人统统服从他们,服从他们的一定的法律、规则,这些法律基本上是为了一个目的——维持地主统治农奴制农民的权力。这就是农奴制国家,这种国家,例如在俄国或者在至今还是农奴制占统治的十分落后的亚洲各国,具有不同的形式,有的是共和制,有的是君主制。国家实行君主制时,权力归一人掌握,实行共和制时,从地主当中选举出来的人多少可以参政,——这就是农奴制社会的情形。农奴制社会中的阶级划分,是绝大多数人——农奴制农民完全依附于极少数人——占有土地的地主。

由于商业的发展,由于商品交换的发展,分化出了一个新的阶级——资本家阶级。资本产生于中世纪末期,当时世界贸易因发现美洲而得到巨大的发展,贵金属的数量激增,金银成了交换手段,货币周转使得一些人能够掌握巨量财富。全世界都认为金银是财富。地主阶级的经济力量衰落下去,新阶级即资本代表者的力量发展起来。结果社会被改造成这样:全体公民似乎一律平等了;以前那种奴隶主和奴隶的划分已经消灭了;所有的人,不管他占有的是何种资本,是不是作为私有财产的土地,也不管他是不是只有一双做工的手的穷光蛋,都被认为在法律面前一律平等了。法律对大家都同样保护,对任何人所拥有的财产都加以保护,使其不受那些没有财产的、除了双手以外一无所有的、日益贫穷破产而变成无产者的群众的侵犯。资本主义社会的情形就是这样。

　　我不能详细分析这个社会。你们将来学党纲的时候还会遇到这个问题，会听到关于资本主义社会的说明。这个社会在自由的口号下反对农奴制，反对旧时的农奴制度。但这只是拥有财产的人的自由。当农奴制被摧毁时（这是 18 世纪末 19 世纪初以前的事；俄国晚于其他国家，到 1861 年才废除），资本主义国家代替了农奴制国家，宣布它的口号是全民的自由，说它代表全体人民的意志，否认它是阶级的国家，于是为全体人民的自由而奋斗的社会主义者和资本主义国家之间的斗争从此就展开了，现在这个斗争已经导致了苏维埃社会主义共和国的建立，这个斗争正遍及全世界。

　　要了解已经开始的反对世界资本的斗争，要了解资本主义国家的实质，必须记住，资本主义国家起来反对农奴制国家，是在自由的口号下投入战斗的。农奴制的废除意味着资本主义国家的代表获得自由，使他们得到好处，因为农奴制已经摧毁，农民已有可能把土地作为名副其实的财产来占有了。至于这是农民赎买来的土地，还是靠支付代役租得来的小块土地，国家是不管的——国家保护一切私有财产，不问其来历怎样，因为国家是以私有制为基础的。农民在所有现代文明国家内都变成了私有者。在地主把一部分土地出让给农民的时候，国家也保护私有财产，用赎买即出钱购买的办法，使地主得到补偿。国家似乎在宣称它保护真正的私有权，并对私有权给予各种各样的支持和庇护。国家承认每个商人、工业家和工厂主都有这种私有权。而这个以私有制为基础的社会，以资本权力为基础的社会，以完全控制一切无产工人和劳动农民群众为基础的社会，却宣布自己是以自由为基础来实行统治的。它反对农奴制时，宣布私有财产自由，深以国家似乎不再是阶级的国家而自豪。

其实,国家仍然是帮助资本家控制贫苦农民和工人阶级的机器,但它在表面上是自由的。它宣布普选权,并且通过自己的拥护者、鼓吹者、学者和哲学家宣称它不是阶级的国家。甚至在目前苏维埃社会主义共和国开始反对它的时候,这班人还责备我们破坏自由,说我们建立的国家是以一部分人强制和镇压另一部分人为基础的,而他们所代表的国家却是全民的,民主的。所以在目前这个时候,在社会主义革命在全世界已经开始并且恰好在几个国家内获得胜利的时候,在反对全世界资本的斗争特别尖锐的时候,这个问题即国家问题就具有最大的意义,可以说,已经成为最迫切的问题,成为当代一切政治问题和一切政治争论的焦点了。

我们观察一下俄国的或无论哪个更文明国家的任何一个政党,都可以看到,目前几乎所有的政治争论、分歧和意见,都是围绕着国家这一概念的。在资本主义国家里,在民主共和国特别是像瑞士或美国那样一些最自由最民主的共和国里,国家究竟是人民意志的表现、全民决定的总汇、民族意志的表现等等,还是使本国资本家能够维持其对工人阶级和农民的统治的机器? 这就是目前世界各国政治争论所围绕着的基本问题。人们是怎样议论布尔什维主义的呢? 资产阶级的报刊谩骂布尔什维克。没有一家报纸不在重复着目前流行的对布尔什维克的责难,说布尔什维克破坏民权制度。如果我国的孟什维克和社会革命党人由于心地纯朴(也许不是由于纯朴,也许这种纯朴,如俗语所说的,比盗窃还坏),认为责难布尔什维克破坏自由和民权制度是他们的发明和创造,那他们就大错特错了。现在,在最富有的国家内,花数千万金钱推销数千万份来散布资产阶级谎言和帝国主义政策的最富有的报纸,没有一个不在重复这种反对布尔什维主义的基本论据和责难,说美国、英国和瑞士是以民权制度为基础的先进国家,布尔什维克的共和国却是强盗国家,没有自由,布尔什维克破坏民权思想,甚至解散了立宪会议。这种对布尔什维克的吓人的责难,在全世界重复着。这种责难促使我们不得不解决什么是国家的问题。要了解这种责难,要弄清这种责难并完全自觉地来看待这种责难,要有坚定的见解而不是人云亦云,那就必须彻底弄清楚什么是国家。我们看到,有各种各样的资本主义国家,有在战前创立的替这些国家辩护的各种学说。要正确处理问题,就必须批判地对待这一切学说和观点。

我已经介绍你们阅读恩格斯的著作《家庭、私有制和国家的起源》。在这部著作里就讲到,凡是存在着土地和生产资料的私有制、资本占统治地位的国家,不管怎样民主,都是资本主义国家,都是资本家用来控制工人阶级和贫苦农民的机器。至于普选权、立宪会议和议会,那不过是形式,不过是一种空头支票,丝毫也不能改变事情的实质。

国家的统治形式可以各不相同:在有这种形式的地方,资本就用这种方式表现它的力量,在有另一种形式的地方,资本又用另一种方式表现它的力量,但实质上政权总是操在资本手里,不管权利有没有资格限制或其他限制,不管是不是民主共和国,反正都是一样,而且共和国愈民主,资本主义的这种统治就愈厉害,愈无耻。北美合众国是世界上最民主的共和国之一,可是,世界上没有一个国家像美国那样(凡是在 1905 年以后到过那里的人大概都知道),资本权力即一小撮亿万富翁统治整个社会的权力表现得如此横蛮,采用贿赂手段如此明目张胆。资本既然存在,也就统治着整个社会,所以任何民主共和制、任何选举制度都不会改变事情的实质。

民主共和制和普选制同农奴制比较起来是一大进步,因为它们使无产阶级有可能达到现在这样的统一和团结,有可能组成整齐的、有纪律的队伍去同资本有步骤地进行斗争。农奴制农民连稍微近似这点的东西也没有,奴隶就更不用说了。我们知道,奴隶举行过起义,进行过暴动,掀起过国内战争,但是他们始终未能造成自觉的多数,未能建立起领导斗争的政党,未能清楚地了解他们所要达到的目的,甚至在历史上最革命的时机,还是往往成为统治阶级手下的小卒。资产阶级的共和制、议会和普选制,所有这一切,从全世界社会发展来看,是一大进步。人类走到了资本主义,而只有资本主义,凭借城市的文化,才使被压迫的无产者阶级有可能认清自己的地位,创立世界工人运动,造就出在全世界组织成政党的千百万工人,建立起自觉地领导群众斗争的社会主义政党。没有议会制度,没有选举制度,工人阶级就不会有这样的发展。因此,这一切东西在广大群众的眼中具有很大的意义。因此,要来一个转变是件很困难的事情。不仅那些别有用心的伪君子、学者和神父支持和维护资产阶级的谎言,说国家是自由的,说国家负有使命保护所有人的利益,就是许多诚心诚意重复陈腐偏见而不能了解从资本主义旧社会向社会主义过渡的人,也是如此。不仅直接依赖于资产阶级的人,不仅受资本压迫或被资本收买的人(替资本服务的有大量的、各种各样的学者、艺术家和神父等等),就是那些只是受资产阶级自由这种偏见影响的人,也都在全世界攻击布尔什维主义,因为苏维埃共和国刚一成立就抛弃了这种资产阶级谎言,公开声明说:你们把你们的国家叫做自由国家,其实只要私有制存在,你们的国家即使是民主共和制的国家,也无非是资本家镇压工人的机器,而且国家愈自由,这种情形就愈明显。欧洲的瑞士和美洲的北美合众国就是这样的例子。这两个都是民主共和国,粉饰得很漂亮,侈谈劳动民主和全体公民一律平等,尽管如此,任何地方的资本统治都没有像这两个国家那样无耻,那样残酷,那样露骨。其实,瑞士和美国都是资本在实行统治,只要工人试图真的稍稍改善一下自己的处境,就立刻会引起一场国内战争。在这两个国家内,士兵较少,即常备军较少(瑞士实行民兵制,每个瑞士人的家里都有枪;美国直到最近还没有常备军),因此,罢工发生时,资产阶级就武装起来,雇用士兵去镇压罢工,而且在任何地方,对工人运动的镇压,都不如瑞士和美国那样凶暴残忍;在任何一国的议会里,资本的势力都不如这两个国家那样强大。资本的势力就是一切,交易所就是一切,而议会、选举则不过是傀儡、木偶……　但是愈往后,工人的眼睛就愈亮,苏维埃政权的思想就传布得愈广泛,尤其是在我们刚刚经历过的这场血腥的大厮杀以后。工人阶级日益清楚地认识到必须同资本家作无情的斗争。

不管一个共和国用什么形式掩饰起来,就算它是最民主的共和国吧,如果它是资产阶级共和国,如果它那里保存着土地和工厂的私有制,私人资本把全社会置于雇佣奴隶的地位,换句话说,如果它不实现我们党纲和苏维埃宪法所宣布的那些东西,那么这个国家还是一部分人压迫另一部分人的机器。因此要把这个机器夺过来,由必将推翻资本权力的那个阶级来掌握。我们要抛弃一切关于国家就是普遍平等的陈腐偏见,那是骗人的,因为只要剥削存在,就不会有平等。地主不可能同工人平等,挨饿者也不可能同饱食者平等。人们崇拜国家达到了迷信的地步,相信国家是全民政权的陈词滥调;无产阶级就是要扔掉这个叫做国家的机器,并且指出这是资产阶级的谎言。我们已经从资本家那里把这个机器夺了过来,由自己掌握。我们要用这个机器或者说这根棍棒去消灭一切剥削。到世界上再没有进行剥削的可能,再没有土地占有者和工厂占有者,再没有一部分人吃得很饱而一部分人却在挨饿的现象的时候,就是说,只有到再没有发生这种情形的可能的时候,我们才会把这个机器毁掉。那时就不会有国家了,就不会有剥削了。这就是我们共产党的观点。我希望我们在以后的讲课中还会谈到这个问题,还会多次地谈到这个问题。

载于 1929 年 1 月 18 日《真理报》第 15 号

选自《列宁选集》第 3 版修订版第 4 卷第 24—40 页

# 注　释

**1** 费边派是 1884 年成立的英国改良主义组织费边社的成员，多为资产阶级知识分子，代表人物有悉・韦伯、比・韦伯、拉・麦克唐纳、肖伯纳、赫・威尔斯等。费边・马克西姆是古罗马统帅，以在第二次布匿战争（公元前 218—前 201 年）中采取回避决战的缓进待机策略著称。费边社即以此人名字命名。费边派虽然认为社会主义是经济发展的必然结果，但只承认演进的发展道路。他们反对马克思主义的阶级斗争和无产阶级革命学说，鼓吹通过细微的改良来逐渐改造社会，宣扬所谓"地方公有社会主义"（又译"市政社会主义"）。1900 年费边社加入工党（当时称劳工代表委员会），但仍保留自己的组织。在工党中，它一直起制定纲领原则和策略原则的思想中心的作用。第一次世界大战期间，费边派采取社会沙文主义立场。关于费边派，参看列宁《社会民主党在1905—1907 年俄国第一次革命中的土地纲领》第 4 章第 7 节和《英国的和平主义和英国的不爱理论》（《列宁全集》中文第 2 版第 16 卷第322—327 页，第 26 卷第 278—284 页）。——3。

**2** 乔・威・弗・黑格尔在他的《法哲学原理》的结尾部分阐述了国家的理论。马克思对黑格尔这一理论的详细分析和批判见《黑格尔法哲学批判》（《马克思恩格斯全集》中文第 2 版第 3 卷第 5—158 页）和《〈黑格尔法哲学批判〉导言》（《马克思恩格斯选集》第 3 版第 1 卷第 1—16页）。——7。

**3** 社会革命党人是俄国最大的小资产阶级政党社会革命党的成员。该党是 1901 年底—1902 年初由南方社会革命党、社会革命党人联合会、老民意党人小组、社会主义土地同盟等民粹派团体联合而成的。成立时的领导人有马·安·纳坦松、叶·康·布列什柯-布列什柯夫斯卡娅、尼·谢·鲁萨诺夫、维·米·切尔诺夫、米·拉·郭茨、格·安·格尔舒尼等,正式机关报是《革命俄国报》(1901—1904年)和《俄国革命通报》杂志(1901—1905年)。社会革命党人的理论观点是民粹主义和修正主义思想的折中混合物。他们否认无产阶级和农民之间的阶级差别,抹杀农民内部的矛盾,否认无产阶级在资产阶级民主革命中的领导作用。在土地问题上,社会革命党人主张消灭土地私有制,按照平均使用原则将土地交村社支配,发展各种合作社。在策略方面,社会革命党人采用了社会民主党人进行群众性鼓动的方法,但主要斗争方法还是搞个人恐怖。为了进行恐怖活动,该党建立了事实上脱离该党中央的秘密战斗组织。

在1905—1907年俄国第一次革命中,社会革命党曾在农村开展焚烧地主庄园、夺取地主财产的所谓"土地恐怖"运动,并同其他政党一起参加武装起义和游击战,但也曾同资产阶级的解放社签订协议。在国家杜马中,该党动摇于社会民主党和立宪民主党之间。该党内部的不统一造成了1906年的分裂,其右翼和极左翼分别组成了人民社会党和最高纲领派社会革命党人联合会。在斯托雷平反动时期,社会革命党经历了思想上、组织上的严重危机。在第一次世界大战期间,社会革命党的大多数领导人采取了社会沙文主义的立场。1917年二月革命后,社会革命党中央实行妥协主义和阶级调和的政策,党的领导人亚·费·克伦斯基、尼·德·阿夫克森齐耶夫、切尔诺夫等参加了资产阶级临时政府。七月事变时期该党公开转向资产阶级方面。社会革命党中央的妥协政策造成党的分裂,左翼于1917年12月组成了一个独立政党——左派社会革命党。十月革命后,社会革命党人(右派和中派)公开进行反苏维埃的活动,在国内战争时期进行反对苏维埃政权的武装斗争,对共产党和苏维埃政权的领导人实行个人恐怖。内战结束后,他们在"没有共产党人参加的苏维埃"的口号下组织了一系列叛乱。1922年,社会革命党彻底瓦解。——8、129。

**4** 克兰是凯尔特民族中对氏族的叫法,有时也用以称部落。在氏族关系瓦解时期,则指一群血缘相近且具有想象中的共同祖先的人们。克兰内部保存着土地公有制和氏族制度的古老习俗(血亲复仇、连环保等)。

在苏格兰和威尔士的个别地区,克兰一直存在到19世纪。——9。

5　指马克思的《哥达纲领批判》(第4节)、恩格斯的《反杜林论》以及恩格斯
1875年3月18—28日给奥·倍倍尔的信(参看《马克思恩格斯选集》第
3版第3卷第372—378页;《马克思恩格斯全集》中文第2版第26卷第
298页;《马克思恩格斯选集》第3版第3卷第344—351页)。——20。

6　三十年战争指1618—1648年以德意志为主要战场的欧洲国际性战争。
这场战争起因于天主教与新教之间的矛盾以及欧洲各国的政治冲突和
领土争夺。参加战争的一方是哈布斯堡同盟,包括奥地利和西班牙的
哈布斯堡王朝、德意志天主教诸侯,它们得到教皇和波兰的支持。另一
方是反哈布斯堡联盟,包括德意志新教诸侯、法国、瑞典、丹麦,它们得到
荷兰、英国、俄国的支持。战争从捷克起义反对哈布斯堡王朝的统治开
始,几经反复,以哈布斯堡同盟失败告终。根据1648年签订的威斯特伐
利亚和约,瑞典、法国等得到了德意志大片土地和巨额赔款。经过这场战
争,德意志遭到严重破坏,在政治上更加处于四分五裂的状态。——21。

7　哥达纲领即德国社会主义工人党纲领。这个纲领是在德国工人运动中
的两派——爱森纳赫派(1869年成立的社会民主工党)和拉萨尔派
(1863年成立的全德工人联合会)——于1875年5月在哥达举行的合
并代表大会上通过的。哥达纲领比爱森纳赫派的纲领倒退了一步,它
是爱森纳赫派不惜一切代价追求合并、向拉萨尔派作了无原则的妥协
和让步的产物。纲领宣布党的目的是解放工人阶级和建立社会主义社
会,但是回避了社会主义革命和无产阶级夺取政权的问题,并写进了拉
萨尔主义的一系列论点,如所谓"铁的工资规律",所谓对无产阶级说来
其他一切阶级都是反动的一帮,工人阶级只有通过普选权和由国家帮
助建立生产合作社才能达到自己的目的,应当用一切合法手段建立所
谓"自由的人民国家"等。马克思和恩格斯对哥达纲领的草案作了彻底
的批判(参看《马克思恩格斯选集》第3版第3卷第352—378页),但是
他们的意见没有得到认真考虑。哥达纲领于1891年被爱尔福特纲领
代替。——22。

8　列宁在写《国家与革命》时还不知道马克思在1871年以前已经有了"无

产阶级专政"的提法。他在《马克思主义论国家》这本笔记中曾写道，"查对一下，马克思和恩格斯**在 1871 年以前**是否说到过'无产阶级专政'？似乎没有！"（见《列宁全集》中文第 2 版第 31 卷第 149 页）在《国家与革命》出版以后，列宁才看到了马克思 1852 年 3 月 5 日给约·魏德迈的信。他在自己的一本《国家与革命》（第 1 版）的最后一页上，用德文作了一段笔记："《新时代》（第 25 年卷第 2 册第 164 页），1906—1907年第 31 期（1907 年 5 月 2 日）：弗·梅林：《卡·马克思和弗·恩格斯传记的新材料》，引自马克思 1852 年 3 月 5 日给魏德迈的信。"接下去便是从信中摘录的谈无产阶级专政的那一段话。《国家与革命》再版时，列宁作了相应的补充。——25。

9　出典于圣经《旧约全书·创世记》第 25 章。故事说，一天，雅各熬红豆汤，其兄以扫打猎回来，累得昏了，求雅各给他汤喝。雅各说，须把你的长子名分让给我。以扫就起了誓，出卖了自己的长子权。这个典故常被用来比喻因小失大。——27。

10　涤罪所亦译炼狱，按天主教教义，是生前有一般罪愆的灵魂在升入天堂以前接受惩戒、洗刷罪过的地方。通过涤罪所是经历艰苦磨难的譬喻。——28。

11　掘得好，老田鼠！出自英国作家威·莎士比亚的悲剧《哈姆雷特》第 1幕第 5 场。马克思曾不止一次地使用善于掘土的老田鼠这一形象来比喻为新社会开路的革命。——28。

12　黑帮分子指俄国反动组织俄罗斯人民同盟、君主派、法制党、十月十七日同盟、工商党以及和平革新党的成员。他们力图保持旧的专制制度。——31。

13　立宪民主党人是俄国自由主义君主派资产阶级的主要政党立宪民主党的成员。立宪民主党（正式名称为人民自由党）于 1905 年 10 月成立。中央委员中多数是资产阶级知识分子、地方自治人士和自由派地主。主要活动家有帕·尼·米留可夫、谢·安·穆罗姆采夫、瓦·阿·马克拉柯夫、安·伊·盛加略夫、彼·伯·司徒卢威、约·弗·盖森等。立宪民主党提出一条与革命道路相对抗的和平的宪政发展道路，主张俄国实行立宪君主制和资产阶级的自由。在土地问题上,主张将国家、皇室、皇族和寺院的土地分给无地和少地的农民;私有土地部分地转让,并且按"公平"价格给予补偿;解决土地问题的土地委员会由同等数量的地主和农民组成,并由官员充当他们之间的调解人。1906 年春,曾同政府进行参加内阁的秘密谈判,后来在国家杜马中自命为"负责任的反对派"。第一次世界大战期间,支持沙皇政府的掠夺政策,曾同十月党等反动政党组成"进步同盟",要求成立责任内阁,即为资产阶级和地主所信任的政府,力图阻止革命并把战争进行到最后胜利。二月革命后,立宪民主党在资产阶级临时政府中居于领导地位,竭力阻挠土地问题、民族问题等基本问题的解决,并奉行继续帝国主义战争的政策。七月事变后,支持科尔尼洛夫叛乱,阴谋建立军事独裁。十月革命胜利后,苏维埃政府于 1917 年 11 月 28 日(12 月 11 日)宣布立宪民主党为"人民公敌的党"。该党随之转入地下,继续进行反革命活动,并参与白卫将军的武装叛乱。国内战争结束后,该党上层分子大多数逃亡国外。1921 年 5 月,该党在巴黎召开代表大会时分裂,作为统一的党不复存在。——31。

**14** 《新时代》杂志(《Die Neue Zeit》)是德国社会民主党的理论刊物,1883—1923 年在斯图加特出版。1890 年 10 月前为月刊,后改为周刊。1917 年 10 月以前编辑为卡·考茨基,以后为亨·库诺。1885—1895 年间,杂志发表过马克思和恩格斯的一些文章。恩格斯经常关心编辑部的工作,帮助它端正办刊方向。为杂志撰过稿的还有威·李卜克内西、保·拉法格、格·瓦·普列汉诺夫、罗·卢森堡、弗·梅林等国际工人运动活动家。《新时代》杂志在介绍马克思主义基本理论、宣传俄国 1905—1907 年革命等方面做了有益的工作。随着考茨基转到机会主义立场,1910 年以后,《新时代》杂志成了中派分子的刊物。第一次世界大战期间,杂志持中派立场,实际上支持社会沙文主义者。——34。

**15** 关于无产阶级专政有多种多样形式的论点,列宁最早是在 1916 年写的《论面目全非的马克思主义和"帝国主义经济主义"》(见《列宁选集》第 3 版修订版第 2 卷第 732—784 页)一文中提出来的。但这篇文章直到 1924 年才在杂志上公开发表。列宁在 1919 年写的《无产阶级专政时代的经济和政治》和 1923 年写的《论我国革命》(见《列宁选集》第 3 版修订版第 4 卷第 59—69、775—778 页)中也都涉及了这一问题。——36。

**16**　指格·瓦·普列汉诺夫在《我们的处境》和《再论我们的处境(给 X 同志的信)》(载于 1905 年 11、12 月《社会民主党人日志》第 3、4 期)两篇文章中发表的意见。——37。

**17**　指 1871 年 4 月 12 日马克思给路·库格曼的信(参看《马克思恩格斯全集》中文第 1 版第 33 卷第 206—208 页)。——37。

**18**　指 1910 年的葡萄牙资产阶级革命。1910 年 10 月 4 日,葡萄牙共和派在陆海军部队支持下举行起义,迫使国王逃亡英国。5 日,宣布成立共和国,组成了资产阶级临时政府。临时政府实行了某些民主改革,但农民的土地问题没有解决,赋税和高利贷盘剥没有减轻。这次革命是一次极不彻底的资产阶级革命。——40。

**19**　指 1908—1909 年的土耳其资产阶级革命,史称青年土耳其革命。1908 年 7 月,驻马其顿的军队在青年土耳其党人的领导下发动了革命。他们提出恢复 1876 年宪法的口号,希望把封建神权的奥斯曼帝国变成资产阶级的立宪君主国。土耳其苏丹阿卜杜尔-哈米德二世被迫签署了召开议会的诏书。1909 年 4 月,忠于苏丹的军队发动了叛乱。叛乱被击败后,议会废黜了阿卜杜尔-哈米德二世,选举马赫穆德五世为苏丹,青年土耳其党人组织了新政府。新政府同封建势力、买办阶级和帝国主义相勾结,成为他们利益的代表者。这次革命没有发动广大群众,是一次极不彻底的资产阶级上层的革命。——40。

**20**　《人民事业报》(《Дело Народа》)是俄国社会革命党的报纸(日报),1917 年 3 月 15 日(28 日)起在彼得格勒出版,1917 年 6 月起成为该党中央机关报。先后担任编辑的有 В.В.苏霍姆林、维·米·切尔诺夫、弗·米·晋季诺夫等,撰稿人有尼·德·阿夫克森齐耶夫、阿·拉·郭茨、亚·费·克伦斯基等。该报反对布尔什维克党,号召工农群众同资本家和地主妥协、继续帝国主义战争、支持资产阶级临时政府。该报对十月革命持敌对态度,鼓动用武力反抗革命力量。1918 年 1 月 14 日(27 日)被苏维埃政府查封。以后曾用其他名称及原名(1918 年 3—6月)出版。1918 年 10 月在捷克斯洛伐克军和白卫社会革命党叛乱分子占领的萨马拉出了 4 号。1919 年 3 月 20—30 日在莫斯科出了 10 号后被查封。——48。

**21** 赫罗斯特拉特是公元前 4 世纪希腊人。据传说,他为了扬名于世,在公元前 356 年纵火焚毁了被称为世界七大奇观之一的以弗所城阿尔蒂米斯神殿。后来,赫罗斯特拉特的名字成了不择手段追求名声的人的通称。——52。

**22** 吉伦特派是 18 世纪末法国资产阶级革命时期的一个政治派别,代表共和派的大工商业资产阶级和农业资产阶级的利益,主要是外省资产阶级的利益。该派许多领导人在立法议会和国民公会中代表吉伦特省,因此而得名。吉伦特派的领袖是雅·皮·布里索、皮·维·维尼奥、罗兰夫妇、让·安·孔多塞等。该派主张各省自治,成立联邦。吉伦特派动摇于革命和反革命之间,走同王党勾结的道路,最终变成了反革命力量。——55。

**23** 蒲鲁东主义是以法国无政府主义者皮·约·蒲鲁东为代表的小资产阶级社会主义流派,产生于 19 世纪 40 年代。蒲鲁东主义从小资产阶级立场出发批判资本主义所有制,把小商品生产和交换理想化,幻想使小资产阶级私有制永世长存。主张建立"人民银行"和"交换银行",认为它们能帮助工人购置生产资料,使之成为手工业者,并能保证他们"公平地"销售自己的产品。蒲鲁东主义反对任何国家和政府,否定任何权威和法律,宣扬阶级调和,反对政治斗争和暴力革命。马克思在《哲学的贫困》(参看《马克思恩格斯全集》中文第 1 版第 4 卷第 71—198 页)等著作中,对蒲鲁东主义作了彻底批判。列宁称蒲鲁东主义为不能领会工人阶级观点的"市侩和庸人的痴想"。蒲鲁东主义被资产阶级的理论家们广泛利用来鼓吹阶级调和。——59。

**24** 布朗基主义者是 19 世纪法国工人运动中由路·奥·布朗基领导的一个派别。布朗基主义者不了解无产阶级的历史使命,忽视同群众的联系,主张用密谋手段推翻资产阶级政府,建立革命政权,实行少数人的专政。马克思和列宁高度评价布朗基主义者的革命精神,同时坚决批判他们的密谋策略。

巴黎公社失败以后,1872 年秋天,在伦敦的布朗基派公社流亡者发表了题为《国际和革命》的小册子,宣布拥护《共产党宣言》这个科学共产主义的纲领。对此,恩格斯曾不止一次地予以肯定(参看《马克思恩格斯选集》第 3 版第 3 卷第 292—300 页)。——60。

25　指马克思的《政治冷淡主义》和恩格斯的《论权威》这两篇文章(见《马克思恩格斯选集》第 3 版第 3 卷)。——61。

26　指马克思的《哲学的贫困》(见《马克思恩格斯全集》中文第 1 版第 4 卷)。——66。

27　爱尔福特纲领是指 1891 年 10 月举行的德国社会民主党爱尔福特代表大会通过的党纲。它取代了 1875 年的哥达纲领。爱尔福特纲领以马克思主义关于资本主义生产方式必然灭亡和被社会主义生产方式所代替的学说为基础,强调工人阶级必须进行政治斗争,指出了党作为这一斗争的领导者的作用。它从根本上说是一个马克思主义的纲领。但是,爱尔福特纲领也有严重缺点,其中最主要的是没有提到无产阶级专政是对社会实行社会主义改造的手段这一原理。纲领也没有提出推翻君主制、建立民主共和国、改造德国国家制度等要求。对此,恩格斯在《1891 年社会民主党纲领草案批判》(见《马克思恩格斯选集》第 3 版第 4 卷第 287—300 页)中提出了批评意见。代表大会通过的纲领是以《新时代》杂志编辑部的草案为基础的。——69。

28　反社会党人法(反社会党人非常法)即《反社会民主党企图危害治安法》,是德国俾斯麦政府从 1878 年 10 月 21 日起实行的镇压工人运动的反动法令。这个法令规定取缔德国社会民主党和一切进步工人组织,查封工人刊物,没收社会主义书报,并可不经法律手续把革命者逮捕和驱逐出境。在反社会党人非常法实施期间,有 1 000 多种书刊被查禁,300 多个工人组织被解散,2 000 多人被监禁和驱逐。在工人运动的压力下,反社会党人非常法于 1890 年 10 月 1 日被废除。——71。

29　《真理报》(《Правда》)是俄国布尔什维克的合法报纸(日报),根据俄国社会民主工党第六次(布拉格)全国代表会议的决定创办,1912 年 4 月 22 日(5 月 5 日)起在彼得堡出版。《真理报》是群众性的工人报纸,依靠工人自愿捐款出版,拥有大批工人通讯员和工人作者(它在两年多时间内就刊载了 17 000 多篇工人通讯),同时也是布尔什维克党的实际上的机关报。《真理报》编辑部还担负着党的很大一部分组织工作,如约见基层组织的代表,汇集各工厂党的工作的情况,转发党的指示等。在不同时期参加《真理报》编辑部工作的有斯大林、雅·米·斯维尔德洛夫、尼·尼·巴图林、维·米·莫洛托夫、米·斯·奥里明斯基、康·斯·叶列梅耶夫、米·伊·加里宁、尼·伊·波德沃伊斯基、马·亚·萨韦利耶夫、尼·阿·斯克雷普尼克、马·康·穆拉诺夫等。第四届国家杜马的布尔什维克代表积极参加了《真理报》的工作。列宁在国外领导《真理报》,他筹建编辑部,确定办报方针,组织撰稿力量,并经常给编辑部以工作指示。1912 — 1914 年,《真理报》刊登了 300 多篇列宁的文章。

《真理报》经常受到沙皇政府的迫害。仅在创办的第一年,编辑们就被起诉过 36 次,共坐牢 48 个月。1912 — 1914 年出版的总共 645 号报纸中,就有 190 号受到种种阻挠和压制。报纸被查封 8 次,每次都变换名称继续出版。1913 年先后改称《工人真理报》、《北方真理报》、《劳动真理报》、《拥护真理报》;1914 年相继改称《无产阶级真理报》、《真理之路报》、《工人日报》、《劳动的真理报》。1914 年 7 月 8 日(21 日),即在第一次世界大战前夕,沙皇政府下令禁止《真理报》出版。

1917 年二月革命后,《真理报》于 3 月 5 日(18 日)复刊,成为俄国社会民主工党中央委员会和彼得堡委员会的机关报。列宁于 4 月 3 日(16 日)回到俄国,5 日(18 日)就加入了编辑部,直接领导报纸工作。1917 年七月事变中,《真理报》编辑部于 7 月 5 日(18 日)被士官生捣毁。7 月 15 日(28 日),资产阶级临时政府正式下令查封《真理报》。7 — 10 月,该报不断受到资产阶级临时政府的迫害,先后改称《〈真理报〉小报》、《无产者报》、《工人日报》、《工人之路报》。1917 年 10 月 27 日(11 月 9 日),《真理报》恢复原名,继续作为俄国社会民主工党中央委员会的机关报出版。1918 年 3 月 16 日起,《真理报》改在莫斯科出版。——75。

**30**　列宁谈到伊·格·策列铁里在 1917 年 6 月 11 日的演说中声言要解除工人武装的问题时,曾不止一次地拿法国将军路·欧·卡芬雅克的行为来对比。关于这个问题,可参看《现在和"将来出现"卡芬雅克分子的阶级根源是什么?》一文(《列宁全集》中文第 2 版第 30 卷第 314—317 页)。——77。

**31** 1917 年 6 月 11 日(24 日),俄国临时政府部长、孟什维克伊·格·策列铁里在全俄苏维埃第一次代表大会主席团、彼得格勒工兵代表苏维埃执行委员会、农民代表苏维埃执行委员会和代表大会各党团委员会联席会议上发表演说,诬蔑布尔什维克准备在 1917 年 6 月 10 日举行的游行示威是企图推翻资产阶级临时政府和"夺取政权的阴谋"。策列铁里声称要解除工人的武装,说什么"对于那些不善于恰当掌握手中武器的革命者,要从他们手中把武器夺走。必须解除布尔什维克的武装。不能让他们迄今拥有的过多的技术兵器留在他们手里。不能让机关枪和武器留在他们手里"。——77。

**32** 与教会分离运动又称退出教会运动,是第一次世界大战前在德国发生的群众性反教会运动。1914 年 1 月,德国社会民主党的理论刊物《新时代》杂志发表了修正主义者保尔·格雷的《与教会分离运动和社会民主党》一文,开始就党对反教会运动的态度问题展开讨论。格雷断言党应当对这一运动取中立态度,应当禁止党员以党的名义进行反宗教和反教会的宣传。而德国社会民主党的著名活动家们在讨论过程中始终没有批判格雷的错误。——78。

**33** 这里说的是 1917 年下半年的纸币。俄国的纸卢布在第一次世界大战期间贬值得很厉害。——79。

**34** 拉萨尔派是全德工人联合会的成员,德国小资产阶级社会主义者斐·拉萨尔的拥护者,主要代表人物是约·巴·冯·施韦泽、威·哈森克莱维尔、威·哈赛尔曼等。全德工人联合会在 1863 年于莱比锡召开的全德工人代表大会上成立;拉萨尔是它的第一任主席,他为联合会制定了纲领和策略基础。拉萨尔派反对暴力革命,认为只要进行议会斗争,争取普选权,就可以把普鲁士君主国家变为"自由的人民国家";主张在国家帮助下建立生产合作社,把资本主义和平地改造为社会主义;支持俾斯麦所奉行的在普鲁士领导下"自上而下"统一德国的政策。马克思和恩格斯曾多次尖锐地批判拉萨尔派的理论、策略和组织原则,指出它是德国工人运动中的机会主义派别。1875 年,拉萨尔派同爱森纳赫派合并成立了德国社会主义工人党。——82。

**35** 指俄国社会民主工党第二次代表大会。

俄国社会民主工党第二次代表大会于 1903 年 7 月 17 日(30 日)—8 月 10 日(23 日)召开。7 月 24 日(8 月 6 日)前,代表大会在布鲁塞尔开了 13 次会议。后因比利时警察将一些代表驱逐出境,代表大会移至伦敦,继续开了 24 次会议。

代表大会是《火星报》筹备的。列宁为代表大会起草了一系列文件,并详细拟定了代表大会的议程和议事规程。出席代表大会的有 43 名有表决权的代表,他们代表着 26 个组织(劳动解放社、《火星报》组织、崩得国外委员会和中央委员会、俄国革命社会民主党人国外同盟、国外俄国社会民主党人联合会以及俄国社会民主党的 20 个地方委员会和联合会),共有 51 票表决权(有些代表有两票表决权)。出席代表大会的有发言权的代表共 14 名。代表大会的成分不一,其中有《火星报》的拥护者,也有《火星报》的反对者以及不坚定的动摇分子。

列入代表大会议程的问题共有 20 个:1. 确定代表大会的性质。选举常务委员会。确定代表大会的议事规程和议程。组织委员会的报告和选举审查代表资格和决定代表大会组成的委员会。2. 崩得在俄国社会民主工党内的地位。3. 党纲。4. 党的中央机关报。5. 代表们的报告。6. 党的组织(党章问题是在这项议程下讨论的)。7. 区组织和民族组织。8. 党的各独立团体。9. 民族问题。10. 经济斗争和工会运动。11. 五一节的庆祝活动。12. 1904 年阿姆斯特丹国际社会党代表大会。13. 游行示威和起义。14. 恐怖手段。15. 党的工作的内部问题:(1)宣传工作,(2)鼓动工作,(3)党的书刊工作,(4)农民中的工作,(5)军队中的工作,(6)学生中的工作,(7)教派信徒中的工作。16. 俄国社会民主工党对社会革命党人的态度。17. 俄国社会民主工党对俄国各自由主义派别的态度。18. 选举党的中央委员会和中央机关报编辑部。19. 选举党总委员会。20. 代表大会的决议和记录的宣读程序,以及选出的负责人和机构开始行使自己职权的程序。有些问题没有来得及讨论。

列宁被选入了常务委员会,主持了多次会议,几乎就所有问题发了言。他还是纲领委员会、章程委员会和代表资格审查委员会的委员。

代表大会要解决的最重要的问题是：批准党纲、党章以及选举党的中央领导机关。列宁及其拥护者在大会上同机会主义者展开了坚决的斗争。代表大会否决了机会主义分子要按照西欧各国社会民主党的纲领的精神来修改《火星报》编辑部制定的纲领草案的一切企图。大会先逐条讨论和通过党纲草案，然后由全体代表一致通过整个纲领（有 1 票弃权）。在讨论党章时，会上就建党的组织原则问题展开了尖锐的斗争。由于得到了反火星派和"泥潭派"（中派）的支持，尔·马尔托夫提出的为不坚定分子入党大开方便之门的党章第 1 条条文，以微弱的多数票为大会所通过。但是代表大会还是基本上批准了列宁制定的党章。

大会票数的划分起初是：火星派 33 票，"泥潭派"（中派）10 票，反火星派 8 票（3 名工人事业派分子和 5 名崩得分子）。在彻底的火星派（列宁派）和"温和的"火星派（马尔托夫派）之间发生分裂后，彻底的火星派暂时处于少数地位。但是，8 月 5 日（18 日），7 名反火星派分子（2 名工人事业派分子和 5 名崩得分子）因不同意代表大会的决议而退出了大会。在选举中央机关时，得到反火星派分子和"泥潭派"支持的马尔托夫派（共 7 人）成为少数派，共有 20 票（马尔托夫派 9 票，"泥潭派" 10 票，反火星派 1 票），而团结在列宁周围的 20 名彻底的火星派分子成为多数派，共有 24 票。列宁及其拥护者在选举中取得了胜利。代表大会选举列宁、马尔托夫和格·瓦·普列汉诺夫为中央机关报《火星报》编委，格·马·克尔日扎诺夫斯基、弗·威·林格尼克和弗·亚·诺斯科夫为中央委员会委员，普列汉诺夫为党总委员会委员。从此，列宁及其拥护者被称为布尔什维克（俄语多数派一词音译），而机会主义分子则被称为孟什维克（俄语少数派一词音译）。

俄国社会民主工党第二次代表大会具有重大的历史意义。列宁说："布尔什维主义作为一种政治思潮，作为一个政党而存在，是从 1903 年开始的。"（见《列宁选集》第 3 版修订版第 4 卷第 135 页）——83。

**36** "七月事变"后，布尔什维克被加上了"力图占领城市"、"强奸"苏维埃意志、"侵犯苏维埃的权力"等等罪名。反革命势力炮制了所谓列宁和德国总参谋部有联系的案件，指控列宁是德国间谍。7 月 6 日（19 日），临时政府发出逮捕列宁的命令。与此同时,《真理报》编辑部和印刷厂以及布尔什维克党中央办公处所被捣毁。7月22日(8月4日)的报纸登载消息说,将以叛国和组织武装暴动的罪名审讯列宁和其他几位布尔什维克。列宁从7月5日(18日)起被迫转入地下。——83。

**37** 夏洛克是英国作家威·莎士比亚的喜剧《威尼斯商人》中的人物,一个残忍冷酷的高利贷者。他曾根据借约提供的权利,要求从没有如期还债的商人安东尼奥身上割下一磅肉。——99。

**38** 指19世纪俄国民主主义作家尼·格·波米亚洛夫斯基于1862—1863年所写的《神学校随笔》。——99。

**39** 学理主义者指盲目地拘守某种学理,崇尚空谈,脱离实际的人,意思同"教条主义者"相近。——106。

**40** 第一国际海牙代表大会即国际工人协会第五次代表大会,于1872年9月2—7日在海牙举行。出席大会的有15个全国性组织的65名代表。马克思和恩格斯出席并领导这次代表大会。这次代表大会是在马克思主义者同无政府主义者进行激烈斗争的形势下召开的。代表大会的主要议程是关于总委员会的权力和关于无产阶级的政治活动这两个问题。大会通过了关于扩大总委员会的权力、关于总委员会会址迁往纽约、关于巴枯宁派秘密组织社会主义民主同盟的活动等问题的决议。这些决议大部分是马克思和恩格斯起草的。代表大会就无产阶级的政治活动这个问题通过的决议指出,无产阶级的伟大任务就是夺取政权,无产阶级应当组织独立的政党,以保证社会革命的胜利和达到消灭阶级的最终目的。大会从理论上、组织上揭露和清算了巴枯宁派反对无产阶级革命、破坏国际工人运动的种种活动,并把该派首领米·亚·巴枯宁和詹·吉约姆开除出国际。海牙代表大会的决议标志着马克思主义对无政府主义者的小资产阶级世界观的胜利,为后来建立各国工人阶级独立的政党奠定了基础。——106。

**41** 《曙光》杂志(《Заря》)是俄国马克思主义的科学政治刊物,由《火星报》编辑部编辑,1901—1902年在斯图加特出版,共出了4期(第2、3期为合刊)。第5期已准备印刷,但没有出版。杂志宣传马克思主义,批判民粹主义和合法马克思主义、经济主义、伯恩施坦主义等机会主义思潮。——107。

**42**　指第二国际第五次代表大会。

第二国际第五次代表大会于 1900 年 9 月 23—27 日在巴黎举行。出席大会的有参加第二国际的各国社会党的代表 791 名。俄国代表团由 24 名代表组成,在大会上分裂为以波·尼·克里切夫斯基为首的多数派和以格·瓦·普列汉诺夫为首的少数派。代表大会注意的中心问题,是与 1899 年法国社会党人亚·埃·米勒兰加入资产阶级的瓦尔德克-卢梭政府这一事件有关的“夺取公共权力和同资产阶级政党联盟”的问题。大会就这一问题通过了卡·考茨基提出的决议案,其中说:“个别社会党人参加资产阶级政府,不能认为是夺取政权的正常的开端,而只能认为是迫不得已采取的暂时性的特殊手段。”俄国代表团多数派投票赞成考茨基的这个含糊其词的“橡皮性”决议案,少数派支持茹·盖得提出的谴责米勒兰主义的决议案。代表大会还通过了建立由各国社会党代表组成的社会党国际局和在布鲁塞尔设立国际局书记处的决议。——107。

**43**　伯恩施坦主义是德国社会民主党人爱·伯恩施坦的修正主义思想体系,产生于 19 世纪末 20 世纪初。伯恩施坦的《社会主义的前提和社会民主党的任务》(1899 年)一书是对伯恩施坦主义的全面阐述。伯恩施坦主义在哲学上否定辩证唯物主义和历史唯物主义,用庸俗进化论和诡辩论代替革命的辩证法;在政治经济学上修改马克思主义的剩余价值学说,竭力掩盖帝国主义的矛盾,否认资本主义制度的经济危机和政治危机;在政治上鼓吹阶级合作和资本主义和平长入社会主义,传播改良主义和机会主义思想,反对马克思主义的阶级斗争学说,特别是无产阶级革命和无产阶级专政的学说。伯恩施坦主义得到德国社会民主党右翼和第二国际其他一些政党的支持。在俄国,追随伯恩施坦主义的有合法马克思主义者、经济派等。——109。

**44**　指马克思在《路易·波拿巴的雾月十八日》中提出的观点(见《马克思恩格斯选集》第 3 版第 1 卷第 758—760 页)。——109。

**45** 指 1872 年 6 月 24 日马克思和恩格斯写的《〈共产党宣言〉1872 年德文版序言》(见《马克思恩格斯选集》第 3 版第 1 卷第 376 — 377 页)。——110。

**46** 卡·考茨基的小册子《取得政权的道路(关于长入革命的政论)》的俄译本是 1918 年出版的。——113。

**47** 这句话出自《共产主义者同盟中央委员会告同盟书》(参看《马克思恩格斯选集》第 3 版第 1 卷第 562 页)。《告同盟书》是马克思和恩格斯于 1850 年 3 月底写的,1885 年恩格斯把它作为附录发表在马克思的《揭露科隆共产党人案件》一书中。——116。

**48** 指悉·韦伯和比·韦伯的著作《产业民主》(德文版和俄文版的书名译为《英国工联主义的理论和实践》)。——119。

**49** 《社会主义月刊》派是围绕《社会主义月刊》而形成的集团。

《社会主义月刊》(«Sozialistische Monatshefte»)是德国机会主义者的主要刊物,也是国际修正主义者的刊物之一,1897 — 1933 年在柏林出版。编辑和出版者为右翼社会民主党人约·布洛赫。撰稿人有爱·伯恩施坦、康·施米特、弗·赫茨、爱·大卫、沃·海涅、麦·席佩耳等。第一次世界大战期间,该刊持社会沙文主义立场。——121。

**50** 饶勒斯派是 19 世纪末 20 世纪初法国社会主义运动中以让·饶勒斯为首的右翼改良派。饶勒斯派以要求"批评自由"为借口,修正马克思主义基本原理,宣传无产阶级同资产阶级的阶级合作。他们认为社会主义的胜利不会通过无产阶级同资产阶级的阶级斗争而取得,这一胜利将是民主主义思想繁荣的结果。他们还赞同蒲鲁东主义关于合作社的主张,认为在资本主义条件下合作社的发展有助于逐渐向社会主义过渡。在米勒兰事件上,饶勒斯派竭力为亚·埃·米勒兰参加资产阶级内阁的背叛行为辩护。1902 年,饶勒斯派成立了改良主义的法国社会党。1905 年该党和盖得派的法兰西社会党合并成统一的法国社会党(工人国际法国支部)。第一次世界大战期间,在法国社会党领导中占优势的饶勒斯派采取了社会沙文主义立场,公开支持帝国主义战争。——121。

**51**　指意大利社会党。

意大利社会党于 1892 年 8 月在热那亚代表大会上成立,最初叫意大利劳动党,1893 年改称意大利劳动社会党,1895 年开始称意大利社会党。从该党成立起,党内的革命派就同机会主义派进行着尖锐的思想斗争。1912 年在艾米利亚雷焦代表大会上,改良主义分子伊·博诺米、莱·比索拉蒂等被开除出党。从第一次世界大战爆发到 1915 年 5 月意大利参战,意大利社会党一直反对战争,提出"反对战争,赞成中立!"的口号。1914 年 12 月,拥护资产阶级帝国主义政策、主张战争的叛徒集团(贝·墨索里尼等)被开除出党。意大利社会党人曾于 1914 年同瑞士社会党人一起在卢加诺召开联合代表会议,并积极参加齐美尔瓦尔德(1915 年)和昆塔尔(1916 年)国际社会党代表会议。但是,意大利社会党基本上采取中派立场。1916 年底意大利社会党在党内改良派的影响下走上了社会和平主义的道路。俄国十月社会主义革命胜利后,意大利社会党内的左翼力量增强。1919 年 10 月 5—8 日在波伦亚举行的意大利社会党第十六次代表大会通过了加入共产国际的决议,该党代表参加了共产国际第二次代表大会的工作。1921 年 1 月 15—21 日在里窝那举行的第十七次代表大会上,处于多数地位的中派拒绝同改良派决裂,拒绝完全承认加入共产国际的 21 项条件;该党左翼代表于 21 日退出代表大会并建立了意大利共产党。——121。

**52**　独立工党(I.L.P.)是英国改良主义政党,1893 年 1 月成立。领导人有基·哈第、拉·麦克唐纳、菲·斯诺登等。党员主要是一些新、旧工联的成员以及受费边派影响的知识分子和小资产阶级分子。独立工党从建党时起就采取资产阶级改良主义立场,把主要注意力放在议会斗争和同自由主义政党进行议会交易上。1900 年,该党作为集体党员加入英国工党。在第一次世界大战期间,独立工党领袖采取资产阶级和平主义立场。1932 年 7 月独立工党代表会议决定退出英国工党。1935 年该党左翼成员加入英国共产党,1947 年许多成员加入英国工党,独立工党不再是英国政治生活中一支引人注目的力量。——121。

**53**　斯巴达克派(国际派)是德国左派社会民主党人的革命组织,第一次世界大战初期形成,创建人和领导人有卡·李卜克内西、罗·卢森堡、弗·梅林、克·蔡特金、尤·马尔赫列夫斯基、莱·约吉希斯(梯什卡)、威·皮克等。1915 年 4 月,卢森堡和梅林创办了《国际》杂志,这个杂志是团结德国左派社会民主党人的主要中心。1916 年 1 月 1 日,全德左派社会民主党人代表会议在柏林召开,会议决定正式成立组织,取名为国际派。代表会议通过了一个名为《指导原则》的文件,作为该派的纲领,这个文件是在卢森堡主持和李卜克内西、梅林、蔡特金参与下制定的。1916 年至 1918 年 10 月,该派定期出版秘密刊物《政治书信》,署名斯巴达克,因此该派也被称为斯巴达克派。1917 年 4 月,斯巴达克派加入了德国独立社会民主党,但保持组织上和政治上的独立。斯巴达克派在群众中进行革命宣传,组织反战活动,领导罢工,揭露世界大战的帝国主义性质和社会民主党机会主义领袖的叛卖行为。斯巴达克派在理论和策略问题上也犯过一些错误,列宁曾屡次给予批评和帮助。1918 年 11 月,斯巴达克派改组为斯巴达克联盟,12 月 14 日公布了联盟的纲领。1918 年底,联盟退出了独立社会民主党,并在 1918 年 12 月 30 日—1919 年 1 月 1 日举行的全德斯巴达克派和激进派代表会议上创建了德国共产党。——137。

# 人 名 索 引

## A

阿夫克森齐耶夫，尼古拉·德米特里耶维奇（Авксентьев，Николай Дмитриевич 1878—1943）——俄国社会革命党领袖之一，该党中央委员。1905 年为彼得堡工人代表苏维埃委员。斯托雷平反动时期和新的革命高涨年代参加社会革命党右翼，任社会革命党中央机关刊物《劳动旗帜报》编委。第一次世界大战期间是社会沙文主义者，为护国派刊物《在国外》、《新闻报》、《号召报》撰稿。1917 年二月革命后任彼得格勒苏维埃执行委员会委员、全俄农民代表苏维埃执行委员会主席、第二届联合临时政府内务部长，10 月任俄罗斯共和国临时议会（预备议会）主席。十月革命后是反革命叛乱的策划者之一。1918 年是所谓乌法督政府的主席。后流亡国外，继续反对苏维埃政权。——14、48。

## B

巴枯宁，米哈伊尔·亚历山德罗维奇（Бакунин，Михаил Александрович 1814—1876）——俄国无政府主义和民粹主义创始人和理论家之一。1840 年起侨居国外，曾参加德国 1848—1849 年革命。1849 年因参与领导德累斯顿起义被判死刑，后改为终身监禁。1851 年被引渡给沙皇政府，囚禁期间向沙皇写了《忏悔书》。1861 年从西伯利亚流放地逃往伦敦。1868 年参加第一国际活动后，在国际内部组织秘密团体——社会主义民主同盟，妄图夺取总委员会的领导权。鼓吹无政府主义，宣称个人"绝对自由"是整个人类发展的最高目的，国家是产生一切不平等的根源；否定包括无产阶级专政在内的一切国家；不理解无产阶级的历史作用，公开反对建立工人阶级的独立政党，主张工人放弃政治斗争。由于进行分裂国际的阴谋活动，

1872 年在海牙代表大会上被开除出第一国际。——54、68、106。

白拉克,威廉(Bracke,Wilhelm 1842—1880)——德国工人运动活动家,图书
出版人和经销人。1865 年起是全德工人联合会会员。1869 年参与创建德
国社会民主工党(爱森纳赫派)。1871 年创办出版社,是党的书刊的主要
出版人和发行人之一。1877—1879 年是社会民主党国会党团成员。曾进
行反对拉萨尔派的斗争,反对党内的无政府主义分子和机会主义分子,但
不够彻底。——66、85。

倍倍尔,奥古斯特(Bebel,August 1840—1913)——德国工人运动和国际工人
运动活动家,德国社会民主党和第二国际的创建人和领袖之一,马克思和
恩格斯的朋友和战友;旋工出身。19 世纪 60 年代前半期开始参加政治活
动,1867 年当选为德国工人协会联合会主席,1868 年该联合会加入第一国
际。1869 年与威·李卜克内西共同创建了德国社会民主工党(爱森纳赫
派),该党于 1875 年与拉萨尔派合并为德国社会主义工人党,后又改名为
德国社会民主党。多次当选国会议员,利用国会讲坛揭露帝国政府反动的
内外政策。1870—1871 年普法战争期间持国际主义立场,在国会中投票反
对军事拨款,支持巴黎公社,为此曾被捕和被控叛国,断断续续在狱中度过
近六年时间。在反社会党人非常法施行时期,领导了党的地下活动和议会
活动。90 年代和 20 世纪初同党内的改良主义和修正主义进行斗争,反对
伯恩施坦及其拥护者对马克思主义理论的歪曲和庸俗化。是出色的政论
家和演说家,对德国和欧洲工人运动的发展有很大影响。马克思和恩格斯
高度评价了他的活动。——65—68、85—86、91。

比索拉蒂,莱奥尼达(Bissolati,Leonida 1857—1920)——意大利社会党创建
人和右翼改良派领袖之一。1896—1903 年和 1908—1912 年任社会党中央
机关报《前进报》主编。1897 年起为议员。1912 年因支持意大利政府进行
侵略战争被开除出社会党,后组织了改良社会党。第一次世界大战期间是
社会沙文主义者,主张意大利站在协约国方面参战。1916—1918 年参加政
府,任不管部大臣。——47。

俾斯麦,奥托·爱德华·莱奥波德(Bismarck,Otto Eduard Leopold 1815—
1898)——普鲁士和德国国务活动家和外交家。普鲁士容克的代表。曾任

驻彼得堡大使（1859—1862）和驻巴黎大使（1862），普鲁士首相（1862—1872、1873—1890），北德意志联邦首相（1867—1871）和德意志帝国首相（1871—1890）。1870年发动普法战争，1871年支持法国资产阶级镇压巴黎公社。主张在普鲁士领导下"自上而下"统一德国。曾采取一系列内政措施，捍卫容克和大资产阶级的联盟。1878年颁布反社会党人非常法。由于内外政策遭受挫折，于1890年3月去职。——14。

波米亚洛夫斯基，尼古拉·格拉西莫维奇（Помяловский, Николай Герасимович 1835—1863）——俄国民主主义作家，写有《神学校随笔》（1862—1863）等著作。作品抨击俄国的官僚专制制度，反对强暴和专横，得到车尔尼雪夫斯基和高尔基的高度评价。——99。

波拿巴，路易——见拿破仑第三。

波特列索夫，亚历山大·尼古拉耶维奇（Потресов, Александр Николаевич 1869—1934）——俄国孟什维克领袖之一。19世纪90年代初参加马克思主义小组。1896年加入彼得堡工人阶级解放斗争协会，后被捕，1898年流放维亚特卡省。1900年出国，参与创办《火星报》和《曙光》杂志。在俄国社会民主工党第二次代表大会上是《火星报》编辑部有发言权的代表，属火星派少数派，会后是孟什维克刊物的主要撰稿人和领导人。斯托雷平反动时期和新的革命高涨年代是取消派思想家，在《复兴》杂志和《我们的曙光》杂志中起领导作用。第一次世界大战期间是社会沙文主义者。1917年在反布尔什维克的资产阶级《日报》中起领导作用。十月革命后侨居国外，为克伦斯基的《白日》周刊撰稿，攻击苏维埃政权。——3、121。

伯恩施坦，爱德华（Bernstein, Eduard 1850—1932）——德国社会民主党和第二国际右翼领袖之一，修正主义的代表人物。1872年加入社会民主党，曾是欧·杜林的信徒。1879年和卡·赫希柏格、卡·施拉姆在苏黎世发表《德国社会主义运动的回顾》一文，指责党的革命策略，主张放弃革命斗争，适应俾斯麦制度，受到马克思和恩格斯的严厉批评。1881—1890年任党的中央机关报《社会民主党人报》编辑。从90年代中期起完全同马克思主义决裂。1896—1898年以《社会主义问题》为题在《新时代》杂志上发表一组文章，1899年发表《社会主义的前提和社会民主党的任务》一书，从经济、政治和哲学方面对马克思主义的理论和策略作了全面的修正。1902 年起为国会议员。第一次世界大战期间持中派立场。1917 年参加德国独立社会民主党,1919 年公开转到右派方面。1918 年十一月革命失败后出任艾伯特—谢德曼政府的财政部长助理。——45、52—53、54—55、107—109、113、116、118—119。

布兰亭,卡尔·亚尔马(Branting, Karl Hjalmar 1860—1925)——瑞典社会民主党和第二国际创建人和领袖之一,持机会主义立场。1887—1917 年(有间断)任瑞典社会民主党中央机关报《社会民主党人报》编辑。1896 年起为议员。1907 年当选为党的执行委员会主席。第一次世界大战期间是社会沙文主义者。1917 年参加埃登的自由党—社会党联合政府,支持武装干涉苏维埃俄国。1920 年、1921—1923 年、1924—1925 年领导社会民主党政府,1921—1923 年兼任外交大臣。曾参与创建和领导伯尔尼国际。——47、121。

布列什柯-布列什柯夫斯卡娅,叶卡捷琳娜·康斯坦丁诺夫娜(Брешко-Брешковская, Екатерина Константиновна 1844—1934)——俄国社会革命党的组织者和领导人之一,属该党极右翼。19 世纪 70 年代初参加革命运动,是“到民间去”活动的参加者。1874—1896 年服苦役和流放。1899 年参与创建俄国政治解放工人党,该党于 1902 年并入社会革命党。曾参加 1905—1907 年革命。多次当选为社会革命党中央委员。1917 年二月革命后极力支持资产阶级临时政府,主张把帝国主义战争继续进行到“最后胜利”。十月革命后反对苏维埃政权。1919 年去美国,后住在法国。在国外继续反对苏维埃俄国,主张策划新的武装干涉,参加了巴黎白俄流亡分子的《白日》周刊的工作。——3。

## C

策列铁里,伊拉克利·格奥尔吉耶维奇(Церетели, Ираклий Георгиевич 1881—1959)——俄国孟什维克领袖之一。1902 年参加社会民主主义运动。第二届国家杜马代表,在杜马中领导社会民主党党团,参加土地委员会,就斯托雷平在杜马中宣读的政府宣言以及土地等问题发了言。作为社会民主党杜马党团的代表参加了俄国社会民主工党的第五次(伦敦)代表大会的工作。斯托雷平反动时期和新的革命高涨年代是取消派分子。第一次世界大战期间是中派分子。1917 年二月革命后任彼得格勒苏维埃执行委员会委员、第一届中央执行委员会主席团委员，护国派分子。1917 年5—7 月任临时政府邮电部长，七月事变后任内务部长，极力反对布尔什维克争取政权的斗争。十月革命后领导立宪会议中的反苏维埃联盟；是格鲁吉亚孟什维克反革命政府首脑之一。1921 年格鲁吉亚建立苏维埃政权后流亡法国。1923 年是社会主义工人国际的组织者之一。1940 年移居美国。——3、14—15、48、50、77、81、99—100、121。

## D

大卫，爱德华（David, Eduard 1863—1930）——德国社会民主党右翼领袖之一，经济学家；德国机会主义者的主要刊物《社会主义月刊》创办人之一。1893 年加入社会民主党。公开修正马克思主义关于土地问题的学说，否认资本主义经济规律在农业中的作用。1903 年出版《社会主义和农业》一书，宣扬小农经济稳固，维护所谓土地肥力递减规律。1903—1918 年和1920—1930 年为国会议员，社会民主党国会党团领袖之一。第一次世界大战期间是社会沙文主义者；在《世界大战中的社会民主党》（1915）一书中为德国社会民主党右翼在第一次世界大战中的机会主义立场辩护。1919 年2 月任魏玛共和国国民议会第一任议长。1919—1920 年任内务部长，1922—1927 年任中央政府驻黑森的代表。——3、47、121。

杜冈——见杜冈-巴拉诺夫斯基，米哈伊尔·伊万诺维奇。

杜冈-巴拉诺夫斯基，米哈伊尔·伊万诺维奇（杜冈）（Туган-Барановский, Михаил Иванович（Туган）1865—1919）——俄国经济学家和历史学家。1895—1899 年任彼得堡大学政治经济学讲师，1913 年起任彼得堡工学院教授。19 世纪 90 年代是合法马克思主义的代表人物。曾为《新言论》杂志和《开端》杂志等撰稿，积极参加同自由主义民粹派的论战。20 世纪初起公开维护资本主义，修正马克思主义的基本原理，成了"马克思的批评家"。1905—1907 年革命期间加入立宪民主党。十月革命后成为乌克兰反革命势力的骨干分子，1917—1918 年任乌克兰中央拉达财政部长。主要著作有《现代英国的工业危机及其原因和对人民生活的影响》（1894）、《俄国工厂今昔》（第 1 卷，1898）等。——95—96。

杜林,欧根·卡尔(Dühring, Eugen Karl 1833—1921)——德国哲学家和经济
学家。毕业于柏林大学,当过见习法官,1863—1877 年为柏林大学非公聘
讲师。70 年代起以"社会主义改革家"自居,反对马克思主义,企图创立新
的理论体系。在哲学上把唯心主义、庸俗唯物主义和实证论混合在一起;
在政治经济学方面反对马克思的劳动价值学说和剩余价值学说;在社会主
义理论方面以资产阶级改良主义精神阐述自己的社会主义体系,反对科学
社会主义。他的思想得到部分德国社会民主党人的支持。恩格斯在《反杜
林论》一书中系统地批判了他的观点。主要著作有《国民经济学和社会主
义批判史》(1871)、《国民经济学和社会经济学教程》(1873)、《哲学教程》
(1875)等。——21。

## E

恩格斯,弗里德里希(Engels, Friedrich 1820—1895)——科学共产主义创始人
之一,世界无产阶级的领袖和导师,马克思的亲密战友。——4、7—8、9—
13、14—16、18—21、22—23、24—25、30、32—33、38、58—62、63—68、69—
75、76—81、82、83、84、85—86、91、98、100、103、106、108、109—110、111、
112、116、127。

## G

盖得,茹尔(**巴西尔,马蒂厄**)(Guesde, Jules(Basile, Mathieu)1845—
1922)——法国工人运动和国际工人运动活动家,法国工人党创建人之一,
第二国际的组织者和领袖之一。19 世纪 60 年代是资产阶级共和主义者。
拥护 1871 年的巴黎公社。公社失败后流亡瑞士和意大利,一度追随无政
府主义者。1876 年回国。在马克思和恩格斯影响下逐步转向马克思主义。
1877 年 11 月创办《平等报》,宣传社会主义思想,为 1879 年法国工人党的
建立作了思想准备。1880 年和拉法格一起在马克思和恩格斯指导下起草
了法国工人党纲领。1880—1901 年领导法国工人党,同无政府主义者和可
能派进行坚决斗争。1889 年积极参加创建第二国际的活动。1893 年当选
为众议员。1899 年反对米勒兰参加资产阶级内阁。1901 年与其拥护者建
立了法兰西社会党,该党于 1905 年同改良主义的法国社会党合并,盖得为
统一的法国社会党领袖之一。20 世纪初逐渐转向中派立场。第一次世界
大战一开始即采取社会沙文主义立场,参加了法国资产阶级政府。1920 年

法国社会党分裂后,支持少数派立场,反对加入共产国际。——3。

格拉弗,让(Grave, Jean 1854—1939)——法国小资产阶级社会主义者,无政府主义理论家。无政府主义刊物《反抗者》和《反抗》的编辑,写过一些论述无政府主义的著作。20世纪初转向无政府工团主义立场。第一次世界大战期间是社会沙文主义者,《工团战斗报》撰稿人。——100。

格耶,亚历山大(Ге, Александр 1879—1919)——俄国无政府主义者,生于德国。十月革命后拥护苏维埃政权。曾任第三届和第四届全俄中央执行委员会委员。1918年参加北高加索苏维埃政府。——100。

## H

海德门,亨利·迈尔斯(Hyndman, Henry Mayers 1842—1921)——英国社会党人。1881年创建民主联盟(1884年改组为社会民主联盟),担任领导职务,直至1892年。曾同法国可能派一起夺取1889年巴黎国际工人代表大会的领导权,但未能得逞。1900—1910年是社会党国际局成员。1911年参与创建英国社会党,领导该党机会主义派。第一次世界大战期间是社会沙文主义者。1916年英国社会党代表大会谴责他的社会沙文主义立场后,退出社会党。敌视俄国十月革命,赞成武装干涉苏维埃俄国。——3。

韩德逊,阿瑟(Henderson, Arthur 1863—1935)——英国工党和工会运动领袖之一。1903年起为议员,1908—1910年和1914—1917年任工党议会党团主席,1911—1934年任工党书记。第一次世界大战期间是社会沙文主义者。1915—1917年先后参加阿斯奎斯政府和劳合-乔治政府,任教育大臣、邮政大臣和不管部大臣等职。俄国1917年二月革命后到俄国鼓吹继续进行战争。1919年参与组织伯尔尼国际。1923年起任社会主义工人国际执行委员会主席。1924年和1929—1931年两次参加麦克唐纳政府,先后任内务大臣和外交大臣。——47。

黑格尔,乔治·威廉·弗里德里希(Hegel, Georg Wilhelm Friedrich 1770—1831)——德国哲学家,客观唯心主义者,德国古典哲学的主要代表。1801—1807年任耶拿大学哲学讲师和教授。1808—1816年任纽伦堡中学校长。1816—1817年任海德堡大学哲学教授。1818年起任柏林大学哲学教授。黑格尔哲学是 18 世纪末至 19 世纪初德国唯心主义哲学的最高发展。他根据唯心主义的思维与存在同一的基本原则,建立了客观唯心主义的哲学体系,并创立了唯心主义辩证法的理论。认为在自然界和人类出现以前存在着绝对精神,客观世界是绝对精神、绝对观念的产物;绝对精神在其发展中经历了逻辑阶段、自然阶段和精神阶段,最终回复到了它自身;整个自然的、历史的和精神的世界都处于不断的运动、变化和发展中,矛盾是运动、变化的核心。黑格尔哲学的特点是辩证方法同形而上学体系之间的深刻矛盾。他的唯心主义辩证法是马克思主义哲学的理论来源之一。在社会政治观点上是保守的,是立宪君主制的维护者。主要著作有《精神现象学》(1807)、《逻辑学》(1812—1816)、《哲学全书》(1817)、《法哲学原理》(1821)、《哲学史讲演录》(1833—1836)、《历史哲学讲演录》(1837)、《美学讲演录》(1836—1838)等。——7。

## J

晋季诺夫,弗拉基米尔·米哈伊洛维奇(Зензинов,Владимир Михайлович 1880—1953)——俄国社会革命党领袖之一。1906 年加入社会革命党战斗组织,1909 年起为该党中央委员。第一次世界大战期间是护国派分子。1917 年任彼得格勒苏维埃执行委员会委员,主张同资产阶级结盟;是社会革命党机关报《人民事业报》编辑。十月革命后反对苏维埃政权,后为白俄流亡分子。——49。

## K

考茨基,卡尔(Kautsky,Karl 1854—1938)——德国社会民主党和第二国际的领袖和主要理论家之一。1875 年加入奥地利社会民主党,1877 年加入德国社会民主党。1881 年与马克思和恩格斯相识后,在他们的影响下逐渐转向马克思主义。从 19 世纪 80 年代到 20 世纪初写过一些宣传和解释马克思主义的著作:《卡尔·马克思的经济学说》(1887)、《土地问题》(1899)等。但在这个时期已表现出向机会主义方面摇摆,在批判伯恩施坦时作了很多让步。1883—1917 年任德国社会民主党理论刊物《新时代》杂志主编。曾参与起草 1891 年德国社会民主党纲领(爱尔福特纲领)。1910 年以后逐渐转到机会主义立场,成为中派领袖。第一次世界大战前夕提出超帝国主义论,大战期间打着中派旗号支持帝国主义战争。1917 年参与建立德国独立社会民主党,1922 年拥护该党右翼与德国社会民主党合并。1918
年后发表《无产阶级专政》等书,攻击俄国十月革命,反对无产阶级专政。
——4、9、13、29、35 — 36、47、53 — 54、68、69、78、105、107 — 118、120 — 121。

科尔布,威廉(Kolb,Wilhelm 1870 — 1918)——德国社会民主党人,机会主义
者和修正主义者,《人民之友报》编辑。第一次世界大战期间是社会沙文主
义者。——121。

科尔纳利森,克里斯蒂安(Cornelissen,Christian)——荷兰无政府主义者,克鲁
泡特金的追随者,反对马克思主义。第一次世界大战期间是沙文主义者,
曾为法国《工团战斗报》撰稿。——100。

克鲁泡特金,彼得·阿列克谢耶维奇(Кропоткин,Петр Алексеевич 1842 —
1921)——俄国无政府主义的主要活动家和理论家之一,公爵。1872 年出
国,在瑞士加入第一国际,属巴枯宁派。回国后作为无政府主义者参加民
粹主义运动,为此于 1874 年被捕并被监禁在彼得保罗要塞。1876 年逃往
国外,在瑞士等国从事著述活动,宣传无政府主义,反对马克思关于阶级斗
争和无产阶级专政的学说。第一次世界大战期间是沙文主义者。1917 年
6 月回国,仍坚持资产阶级立场,但在 1920 年发表了给欧洲工人的一封信,
信中承认十月革命的历史意义,并呼吁欧洲工人制止对苏维埃俄国的武装
干涉。写有《科学和无政府主义》、《无政府主义及其哲学》、《1789 — 1793
年法国大革命》以及一些地理学和地质学著作。——100、120。

克伦斯基,亚历山大·费多罗维奇(Керенский,Александр Федорович 1881 —
1970)——俄国政治活动家,资产阶级临时政府首脑。1917 年 3 月起为社
会革命党人。第四届国家杜马代表,劳动派党团领袖。第一次世界大战期
间是护国派分子。1917 年二月革命后任彼得格勒工兵代表苏维埃副主席、
国家杜马临时委员会委员。在临时政府中任司法部长(3 — 5 月)、陆海军
部长(5 — 9 月)、总理(7 月 21 日起)兼最高总司令(9 月 12 日起)。执政期
间继续进行帝国主义战争,七月事变时镇压工人和士兵,迫害布尔什维克。
1917 年 11 月 7 日彼得格勒爆发武装起义时,从首都逃往前线,纠集部队向
彼得格勒进犯,失败后逃亡巴黎。在国外参加白俄流亡分子的反革命活
动,1922 — 1932 年编辑《白日》周刊。1940 年移居美国。——14、75。

库格曼,路德维希（Kugelmann, Ludwig 1828—1902）——德国社会民主主义者,医生,马克思和恩格斯的朋友。曾参加德国1848—1849年革命。1865年起为第一国际会员,是国际洛桑代表大会（1867）和海牙代表大会（1872）的代表。曾协助马克思出版和传播《资本论》。1862—1874年间经常和马克思通信,反映德国情况。马克思给库格曼的信1902年第一次发表于德国《新时代》杂志,1907年被译成俄文出版,并附有列宁的序言。——39。

# L

拉狄克,卡尔·伯恩哈多维奇（Радек, Карл Бернгардович 1885—1939）——生于东加利西亚。20世纪初参加加利西亚、波兰和德国的社会民主主义运动。1901年起为加利西亚社会民主党的积极成员,1904—1908年在波兰王国和立陶宛社会民主党内工作。1908年到柏林,为德国左派社会民主党人的报刊撰稿。第一次世界大战期间持国际主义立场,但表现出向中派方面动摇。1917年加入俄国社会民主工党（布）。十月革命后在外交人民委员部工作。1918年是"左派共产主义者"。在党的第八至第十二次代表大会上当选为中央委员。1920—1924年任共产国际执行委员会书记、委员和主席团委员。1923年起属托洛茨基反对派。1925—1927年任莫斯科中山大学校长。长期为《真理报》、《消息报》和其他报刊撰稿。1927年被开除出党,1930年恢复党籍,1936年被再次开除出党。1937年1月被苏联最高法院军事审判庭以"进行叛国、间谍、军事破坏和恐怖活动"的罪名判处十年监禁。1939年死于狱中。1988年6月苏联最高法院为其平反。——114。

拉萨尔,斐迪南（Lassalle, Ferdinand 1825—1864）——德国工人运动活动家,小资产阶级社会主义者,德国工人运动中的机会主义——拉萨尔主义的代表人物。积极参加德国1848年革命。曾与马克思和恩格斯有过通信联系。1863年5月参与创建全德工人联合会,并当选为联合会主席。在联合会中推行拉萨尔主义,把德国工人运动引上了机会主义道路。宣传超阶级的国家观点,主张通过争取普选权和建立由国家资助的工人生产合作社来解放工人。曾同俾斯麦勾结并支持在普鲁士领导下"自上而下"统一德国的政策。在哲学上是唯心主义者和折中主义者。——86、93—95。

李卜克内西,威廉（Liebknecht, Wilhelm 1826—1900）——德国工人运动和国

际工人运动活动家,德国社会民主党的创建人和领袖之一,马克思和恩格斯的朋友和战友。积极参加德国 1848 年革命,革命失败后流亡国外,在国外结识马克思和恩格斯,接受了科学共产主义思想。1850 年加入共产主义者同盟。1862 年回国。第一国际成立后,成为国际的革命思想的热心宣传者和国际的德国支部的组织者之一。1868 年起任《民主周报》编辑。1869 年与倍倍尔共同创建了德国社会民主工党(爱森纳赫派),任党的中央机关报《人民国家报》编辑。1875 年积极促成爱森纳赫派和拉萨尔派的合并。在反社会党人非常法施行期间与倍倍尔一起领导党的地下工作和斗争。1890 年起任党的中央机关报《前进报》主编,直至逝世。1867 — 1870 年为北德意志联邦国会议员,1874 年起多次被选为德意志帝国国会议员,利用议会讲坛揭露普鲁士容克反动的内外政策。因革命活动屡遭监禁。是第二国际的组织者之一。——68、70。

列金,卡尔(Legien, Karl 1861 — 1920)——德国右派社会民主党人,德国工会领袖之一。1890 年起任德国工会总委员会主席。1903 年起任国际工会书记处书记,1913 年起任主席。1893 — 1920 年(有间断)为德国社会民主党国会议员。1919 — 1920 年为魏玛共和国国民议会议员。第一次世界大战期间是社会沙文主义者。1918 年十一月革命期间同其他右派社会民主党人一起推行镇压革命运动的政策。——3、47、49、121。

列宁,弗拉基米尔·伊里奇(**乌里扬诺夫,弗拉基米尔·伊里奇**;尼·列宁)(Ленин, Владимир Ильич (Ульянов, Владимир Ильич, Н. Ленин) 1870 — 1924)——39、75、83、123。

列诺得尔,皮埃尔(Renaudel, Pierre 1871 — 1935)——法国社会党右翼领袖之一。1899 年参加社会主义运动。1906 — 1915 年任《人道报》编辑,1915 — 1918 年任社长。1914 — 1919 年和 1924 — 1935 年为众议员。第一次世界大战期间是社会沙文主义者。反对社会党参加共产国际,主张社会党人参加资产阶级政府。1927 年辞去社会党领导职务,1933 年被开除出党。——3、47。

卢森堡,罗莎(Luxemburg, Rosa 1871 — 1919)——德国、波兰和国际工人运动活动家,德国社会民主党和第二国际左翼领袖和理论家之一,德国共产党

创建人之一。生于波兰。19 世纪 80 年代后半期开始革命活动,1893 年参
与创建和领导波兰王国社会民主党,为党的领袖之一。1898 年移居德国,
积极参加德国社会民主党的活动,反对伯恩施坦主义和米勒兰主义。曾参
加俄国第一次革命(在华沙)。1907 年参加俄国社会民主工党第五次(伦
敦)代表大会,在会上支持布尔什维克。斯托雷平反动时期和新的革命高
涨年代对取消派采取调和主义态度。1912 年波兰王国和立陶宛社会民主
党分裂后,曾谴责最接近布尔什维克的所谓分裂派。第一次世界大战期间
持国际主义立场,是建立国际派(后改称斯巴达克派和斯巴达克联盟)的发
起人之一。参加领导了德国 1918 年十一月革命,同年底参与领导德国共
产党成立大会,作了党纲报告。1919 年 1 月柏林工人斗争被镇压后,于 15
日被捕,当天惨遭杀害。主要著作有《社会改良还是革命》(1899)、《俄国
社会民主党的组织问题》(1904)、《资本积累》(1913)等。——114。

鲁巴诺维奇,伊里亚·阿道福维奇(Рубанович, Илья Адольфович　1860—
1920)——俄国社会革命党领袖之一。早年积极参加民意党运动,19 世纪
80 年代侨居巴黎,1893 年在巴黎加入老民意党人小组。社会革命党成立
后即为该党积极成员。曾参加《俄国革命通报》杂志的工作,该杂志从 1902
年起成为社会革命党正式机关刊物。是出席国际社会党阿姆斯特丹代表
大会(1904)和斯图加特代表大会(1907)的社会革命党代表,社会党国际局
成员。第一次世界大战期间是社会沙文主义者。十月革命后反对苏维埃
政权。——3。

鲁萨诺夫,尼古拉·谢尔盖耶维奇(Русанов, Николай Сергеевич　1859—
1939)——俄国政论家,民意党人,后为社会革命党人。侨居国外时会见过
恩格斯。1905 年回国,编辑社会革命党的报纸。十月革命后为白俄流亡分
子。——49。

# M

马克思,卡尔(Marx, Karl 1818—1883)——科学共产主义的创始人,世界无产
阶级的领袖和导师。——4、6—7、8、9、15、18、20—21、22—23、24—26、27、
28—29、30、32、34—35、36、37—41、42—44、45、46、47、49、53、54、55—57、
58、61—62、65—67、72、73、76、82、85、86—88、90、93—96、97—98、100、
101、106、108、109—112、114、116—117、118、119、120、127。

梅林,弗兰茨(Mehring,Franz 1846—1919)——德国工人运动活动家,德国社
　会民主党左翼领袖和理论家之一,历史学家和政论家,德国共产党创建人
　之一。19世纪60年代末起是资产阶级民主主义政论家,1877—1882年持
　资产阶级自由主义立场,后向左转化,逐渐接受马克思主义。曾任民主主
　义报纸《人民报》主编。1891年加入德国社会民主党,担任党的理论刊物
　《新时代》杂志撰稿人和编辑,1902—1907年任《莱比锡人民报》主编,反对
　第二国际的机会主义和修正主义,批判考茨基主义。第一次世界大战爆发
　后坚决谴责帝国主义战争和社会沙文主义者的背叛政策;是国际派(后改
　称斯巴达克派和斯巴达克联盟)的组织者和领导人之一。1918年参加建立
　德国共产党的准备工作。欢迎俄国十月革命,撰文驳斥对十月革命的攻
　击,维护苏维埃政权。在研究德国中世纪史、德国社会民主党史和马克思
　主义史方面作出重大贡献,在整理出版马克思、恩格斯和拉萨尔的遗著方
　面也做了大量工作。主要著作有《莱辛传奇》(1893)、《德国社会民主党
　史》(1897—1898)、《马克思传》(1918)等。——34。

孟德斯鸠,沙尔(Montesquieu,Charles 1689—1755)——法国启蒙思想家,法
　学家,社会学家,立宪君主制理论家,货币数量论的拥护者,早期资产阶级
　天赋人权理论的创始人之一。1716年起任波尔多省高等法院院长。曾先
　后被选为法兰西学院院士、英国皇家学会会员和柏林皇家科学院院士。反
　对封建专制,主张实行立宪君主制,并认为实行立法、行政、司法三权分立
　和联邦制是防止君主制演变成暴君政治的有效手段。提出地理环境决定
　社会制度的理论,认为一个国家的道德风貌、法律性质、政治制度是由地理
　条件决定的。主要著作有《波斯人信札》(1721)、《罗马盛衰原因论》
　(1734)、《论法的精神》(1748)等。——55。

米海洛夫斯基,尼古拉·康斯坦丁诺维奇(Михайловский,Николай Констан-
　тинович 1842—1904)——俄国自由主义民粹派理论家,政论家,文艺批评
　家,实证论哲学家,社会学主观学派代表人物。1860年开始写作活动。
　1868年起为《祖国纪事》杂志撰稿,后任编辑。1879年与民意党接近。
　1882年以后写了一系列谈"英雄"与"群氓"问题的文章,建立了完整的"英
　雄"与"群氓"的理论体系。1884年《祖国纪事》杂志被查封后,给《北方通
　报》、《俄国思想》、《俄罗斯新闻》等报刊撰稿。1892年起任《俄国财富》杂
　志编辑,在该杂志上与俄国马克思主义者进行激烈论战。——11。

米勒兰,亚历山大·埃蒂耶纳(Millerand,Alexandre Étienne 1859—1943)——法国政治家和国务活动家,法国社会党和第二国际的机会主义代表人物。1885 年起多次当选议员。原属资产阶级激进派,90 年代初参加法国社会主义运动,领导运动中的机会主义派。1898 年同让·饶勒斯等人组成法国独立社会党人联盟。1899 年参加瓦尔德克-卢梭内阁,任工商业部长,是有史以来社会党人第一次参加资产阶级政府,列宁把这个行动斥之为"实践的伯恩施坦主义"。1904 年被开除出法国社会党,此后同阿·白里安、勒·维维安尼等前社会党人一起组成独立社会党人集团(1911 年取名为"共和社会党")。1909—1915 年先后任公共工程部长和陆军部长,竭力主张把帝国主义战争进行到底。俄国十月革命后是武装干涉苏维埃俄国的策划者之一。1920 年 1—9 月任总理兼外交部长,1920 年 9 月—1924 年 6 月任法兰西共和国总统。资产阶级左翼政党在大选中获胜后,被迫辞职。1925 年和 1927 年当选为参议员。——107。

## N

拿破仑第一(Napoléon I 1769—1821)——法国皇帝,资产阶级军事家和政治家。法国资产阶级革命时期参加革命军。1799 年发动雾月政变,自任第一执政,实行军事独裁统治。1804 年称帝,建立法兰西第一帝国,颁布《拿破仑法典》,巩固资本主义制度。多次粉碎反法同盟,沉重打击了欧洲封建反动势力。但对外战争逐渐变为同英俄争霸和掠夺、奴役别国的侵略战争。1814 年欧洲反法联军攻陷巴黎后,被流放厄尔巴岛。1815 年重返巴黎,再登皇位。滑铁卢之役战败后,被流放大西洋圣赫勒拿岛。——29、78。

拿破仑第三(**波拿巴,路易**)(Napoléon III(Bonaparte,Louis)1808—1873)——法国皇帝(1852—1870),拿破仑第一的侄子。法国 1848 年革命失败后被选为法兰西共和国总统。1851 年 12 月 2 日发动政变,1852 年 12 月称帝。在位期间,对外屡次发动侵略战争,包括同英国一起发动侵略中国的第二次鸦片战争。对内实行警察恐怖统治,强化官僚制度,同时以虚假的承诺、小恩小惠和微小的改革愚弄工人。1870 年 9 月 2 日在普法战争色当战役中被俘,9 月 4 日巴黎革命时被废黜。——28。

## P

帕尔钦斯基,彼得·伊阿基莫维奇(Пальчинский,Петр Иакимович 1875—

1929）——俄国工程师，煤炭辛迪加的创办人，与银行界关系密切。1917 年二月革命后任临时政府工商业部副部长，鼓动企业主怠工，破坏民主组织。1917 年 11 月 7 日是临时政府所在地冬宫的守卫队长。十月革命后在工业部门组织破坏活动。1929 年被枪决。——14—15。

潘涅库克，安东尼（Pannekoek, Antonie 1873—1960）——荷兰工人运动活动家，天文学家。1907 年是荷兰社会民主工党左翼刊物《论坛报》创办人之一。1909 年参与创建荷兰社会民主党。1910 年起与德国左派社会民主党人关系密切，积极为该党的报刊撰稿。第一次世界大战期间是国际主义者，曾参加齐美尔瓦尔德左派理论刊物《先驱》杂志的出版工作。1918—1921 年是荷兰共产党党员，参加共产国际的工作。20 年代初是极左的德国共产主义工人党领袖之一。1921 年退出共产党，不久脱离政治活动。——114—115、116、117、118。

蒲鲁东，皮埃尔·约瑟夫（Proudhon, Pierre-Joseph 1809—1865）——法国政论家，经济学家，社会学家，小资产阶级思想家，无政府主义理论的创始人之一。1840 年出版《什么是财产?》一书，从小资产阶级立场出发批判大资本主义所有制，幻想使小私有制永世长存。主张由专门的人民银行发放无息贷款，帮助工人购置生产资料，使他们成为手工业者，再由专门的交换银行保证劳动者"公平地"销售自己的劳动产品，而同时又不触动生产工具和生产资料的资本主义所有制。认为国家是阶级矛盾的主要根源，提出和平"消灭国家"的空想主义方案，对政治斗争持否定态度。1846 年出版《经济矛盾的体系，或贫困的哲学》，阐述其小资产阶级的哲学和经济学观点。马克思在《哲学的贫困》一书中对该书作了彻底的批判。1848 年革命时期被选入制宪议会后，攻击工人阶级的革命发动，赞成 1851 年 12 月 2 日的波拿巴政变。——53、54、66、106、108。

普列汉诺夫，格奥尔吉·瓦连廷诺维奇（Плеханов, Георгий Валентинович 1856—1918）——俄国早期的马克思主义理论家，后来成为孟什维克和第二国际机会主义领袖之一。19 世纪 70 年代参加民粹主义运动，是土地和自由社成员及土地平分社领导人之一。1880 年侨居瑞士，逐步同民粹主义决裂。1883 年在日内瓦创建俄国第一个马克思主义团体——劳动解放社。翻译和介绍了马克思和恩格斯的许多著作，对马克思主义在俄国的传播起了重要作用;写过不少优秀的马克思主义著作,批判民粹主义、合法马克思主义、经济主义、伯恩施坦主义、马赫主义。20 世纪初是《火星报》和《曙光》杂志编辑部成员。曾参与制定俄国社会民主工党纲领草案和参加党的第二次代表大会的筹备工作。在代表大会上是劳动解放社的代表,属火星派多数派,参加了大会常务委员会,会后逐渐转向孟什维克。1905 — 1907 年革命时期反对列宁的民主革命的策略,后来在孟什维克和布尔什维克之间摇摆。在俄国社会民主工党第四次(统一)代表大会上作了关于土地问题的报告,维护马斯洛夫的孟什维克方案;在国家杜马问题上坚持极右立场,呼吁支持立宪民主党人的杜马。斯托雷平反动时期和新的革命高涨年代反对取消主义,领导孟什维克护党派。第一次世界大战期间持社会沙文主义立场。1917 年二月革命后支持资产阶级临时政府。对十月革命持否定态度,但拒绝支持反革命。最重要的理论著作有《社会主义与政治斗争》(1883)、《我们的意见分歧》(1885)、《论一元论历史观之发展》(1895)、《唯物主义史论丛》(1896)、《论个人在历史上的作用》(1898)、《没有地址的信》( 1899 — 1900 ), 等 等。—— 3、37、47、50、53 — 54、100、105 —106、121。

## Q

切尔诺夫,维克多·米哈伊洛维奇( Чернов, Виктор Михайлович 1873 —1952)——俄国社会革命党领袖和理论家之一。1902—1905 年任社会革命党中央机关报《革命俄国报》编辑。曾撰文反对马克思主义,企图证明马克思的理论不适用于农业。第一次世界大战期间持社会沙文主义立场,曾参加齐美尔瓦尔德代表会议和昆塔尔代表会议。1917 年 5—8 月任临时政府农业部长,对夺取地主土地的农民实行残酷镇压。敌视十月革命。1918 年1 月任立宪会议主席;曾领导萨马拉的反革命立宪会议委员会,参与策划反苏维埃叛乱。1920 年流亡国外,继续反对苏维埃政权。在他的理论著作中,主观唯心主义和折中主义同修正主义和民粹派的空想混合在一起;企图以资产阶级改良主义的"结构社会主义"对抗科学社会主义。—— 3、14 —15、48—49、81、99 —100、121。

## R

饶勒斯,让( Jaurès, Jean 1859—1914)——法国社会主义运动和国际社会主义

运动活动家,法国社会党领袖,历史学家和哲学家。1885 年起多次当选议
员。原属资产阶级共和派,90 年代初开始转向社会主义。1898 年同亚·
米勒兰等人组成法国独立社会党人联盟。1899 年竭力为米勒兰参加资产
阶级政府的行为辩护。1901 年起为社会党国际局成员。1902 年与可能
派、阿列曼派等组成改良主义的法国社会党。1903 年当选为议会副议长。
1904 年创办《人道报》,主编该报直到逝世。1905 年法国社会党同盖得领
导的法兰西社会党合并后,成为统一的法国社会党的主要领导人。在理论
和实践问题上往往持改良主义立场,但始终不渝地捍卫民主主义,反对殖
民主义和军国主义。由于呼吁反对临近的帝国主义战争,于 1914 年 7 月 31
日被法国沙文主义者刺杀。写有法国大革命史等方面的著作。——107。

# S

桑巴,马赛尔(Sembat, Marcel 1862—1922)——法国社会党改良派领袖之一,
新闻工作者。曾为社会党和左翼激进派刊物撰稿。1893 年起为众议员。
1905 年法国社会党与法兰西社会党合并后,是统一的法国社会党的右翼领
袖之一。第一次世界大战期间是社会沙文主义者。1914 年 8 月—1917 年
9 月任法国帝国主义"国防政府"公共工程部长。1920 年在法国社会党图
尔代表大会上,支持以莱·勃鲁姆、让·龙格为首的少数派立场,反对加入
共产国际。——47、49。

施蒂纳,麦克斯(**施米特,卡斯帕尔**)(Stirner, Max(Schmidt, Caspar)1806—
1856)——德国唯心主义哲学家,青年黑格尔派代表人物之一,唯我论者,
无政府主义思想家。马克思和恩格斯在《德意志意识形态》等著作中多次
批判了他的观点。主要著作有《唯一者及其所有物》(1845)。——106。

司徒卢威,彼得·伯恩哈多维奇(Струве, Петр Бернгардович 1870—1944)——
俄国经济学家,哲学家,政论家,合法马克思主义主要代表人物,立宪民主
党领袖之一。19 世纪 90 年代编辑合法马克思主义者的《新言论》杂志和
《开端》杂志。1896 年参加第二国际第四次代表大会。1898 年参加起草
《俄国社会民主工党宣言》。在 1894 年发表的第一部著作《俄国经济发展
问题的评述》中,在批判民粹主义的同时,对马克思的经济学说和哲学学说
提出"补充"和"批评"。20 世纪初同马克思主义和社会民主主义彻底决
裂,转到自由派营垒。1902 年起编辑自由派资产阶级刊物《解放》杂志,

1903 年起是解放社的领袖之一。1905 年起是立宪民主党中央委员,领导
该党右翼。1907 年当选为第二届国家杜马代表。第一次世界大战爆发后
鼓吹俄国的帝国主义侵略扩张政策。十月革命后敌视苏维埃政权,是邓尼
金和弗兰格尔反革命政府成员,后逃往国外。——40。

斯巴达克(Spartacus 死于公元前 71 年)——公元前 73—前 71 年古罗马最大
的一次奴隶起义的领袖。——137。

斯宾塞,赫伯特(Spencer, Herbert 1820—1903)——英国哲学家,社会学家。
实证论的代表,社会有机体论的创始人,社会达尔文主义者。认为社会和
国家如同生物一样是由简单到复杂的不断发展进化的有机体,社会的阶级
构成以及各种行政机构的设置犹如执行不同功能的各种生物器官,适者生
存的规律也适用于社会。主要著作为《综合哲学体系》(1862—1896)。
——10—11。

斯柯别列夫,马特维·伊万诺维奇(Скобелев, Матвей Иванович 1885—
1938)——1903 年参加俄国社会民主主义运动,孟什维克;职业是工程师。
1906 年侨居国外,为孟什维克出版物撰稿,参加托洛茨基的维也纳《真理
报》编辑部。第四届国家杜马代表,社会民主党杜马党团领袖之一。第一
次世界大战期间是中派分子。1917 年二月革命后任彼得格勒工兵代表苏
维埃副主席、第一届中央执行委员会副主席;同年 5—8 月任临时政府劳动
部长。十月革命后脱离孟什维克,先后在合作社系统和对外贸易人民委员
部工作。1922 年加入俄共(布),在经济部门担任负责工作。1936—1937
年在全苏无线电委员会工作。——14、48。

斯陶宁格,托尔瓦德·奥古斯特·马里努斯(Stauning, Thorvald August Marinus
1873—1942)——丹麦国务活动家,丹麦社会民主党和第二国际右翼领袖
之一,政论家。1905 年起为议员。1910 年起任丹麦社会民主党主席和该
党议会党团主席。第一次世界大战期间持社会沙文主义立场。1916—
1920 年任丹麦资产阶级政府不管部大臣。1924—1926 年和 1929—1942
年任首相,先后领导社会民主党政府以及资产阶级激进派和右派社会民主
党人的联合政府。从 30 年代中期起推行投降法西斯德国的政策,1940 年
起推行同法西斯占领者合作的政策。——47、121。

## T

特雷维斯,克劳狄奥(Treves, Claudio 1868—1933)——意大利社会党改良派领袖之一。1909—1912 年编辑社会党中央机关报《前进报》。1906—1926 年为议员。第一次世界大战期间是中派分子,反对意大利参战。敌视俄国十月革命。1922 年意大利社会党分裂后,成为改良主义的统一社会党领袖之一。法西斯分子上台后,于 1926 年流亡法国,进行反法西斯的活动。——121。

屠拉梯,菲力浦(Turati, Filippo 1857—1932)——意大利工人运动活动家,意大利社会党创建人之一,该党右翼改良派领袖。1896—1926 年为议员,领导意大利社会党议会党团。推行无产阶级同资产阶级阶级合作的政策。第一次世界大战期间持中派立场。敌视俄国十月革命。1922 年意大利社会党分裂后,参与组织并领导改良主义的统一社会党。法西斯分子上台后,于 1926 年流亡法国,进行反法西斯的活动。——121。

## W

王德威尔得,埃米尔(Vandervelde, Émile 1866—1938)——比利时政治活动家,比利时工人党领袖,第二国际的机会主义代表人物。1885 年加入比利时工人党,90 年代中期成为党的领导人。1894 年起多次当选为议员。1900 年起任第二国际常设机构——社会党国际局主席。第一次世界大战爆发后成为社会沙文主义者,是大战期间欧洲国家中第一个参加资产阶级政府的社会党人。1918 年起历任司法大臣、外交大臣、公共卫生大臣、副首相等职。俄国 1917 年二月革命后到俄国鼓吹继续进行战争。敌视俄国十月革命,支持武装干涉苏维埃俄国。曾积极参加重建第二国际的活动,1923 年起是社会主义工人国际书记处书记和常务局成员。——3、47、49、121。

韦伯,比阿特里萨(Webb, Beatrice 1858—1943)——英国经济学家和社会活动家,悉尼·韦伯的妻子。曾在伦敦一些企业中研究工人劳动条件,担任与失业和妇女地位问题相关的一些政府委员会的委员。——119。

韦伯,悉尼·詹姆斯(Webb, Sidney James 1859—1947)——英国经济学家和

社会活动家,工联主义和所谓费边社会主义的理论家,费边社的创建人和领导人之一。1915—1925 年代表费边社参加工党全国执行委员会。第一次世界大战期间持社会沙文主义立场。1922 年起为议员,1924 年任商业大臣,1929—1930 年任自治领大臣,1929—1931 年任殖民地大臣。与其妻比阿特里萨·韦伯合写的关于英国工人运动的历史和理论的许多著作,宣扬在资本主义条件下和平解决工人问题的改良主义思想,但包含有英国工人运动历史的极丰富的材料。主要著作有《英国社会主义》(1890)、《产业民主》(1897)(列宁翻译了此书的第 1 卷,并校订了第 2 卷的俄译文;俄译本书名为《英国工联主义的理论和实践》)等。——119。

魏德迈,约瑟夫(Weydemeyer, Joseph 1818—1866)——德国和美国工人运动活动家,马克思和恩格斯的朋友和战友。生于德国,毕业于柏林陆军大学,当过炮兵中尉。后辞去军职,参加"真正的"社会主义者刊物的编辑工作。在马克思和恩格斯的影响下,逐渐由"真正的社会主义"转向科学共产主义。1847 年共产主义者同盟成立后积极参加同盟的活动,曾参加德国1848—1849 年革命。1849—1850 年是《新德意志报》责任编辑之一。1851年 7 月流亡瑞士,不久移居美国。1852 年在纽约建立美国第一个马克思主义团体——无产者同盟,并创办美国第一个马克思主义刊物《革命》周刊。1864 年第一国际成立后,是国际美国支部的组织者之一。1861—1865 年参加美国国内战争,曾任北方军队的上校。——34。

# X

谢德曼,菲力浦(Scheidemann, Philipp 1865—1939)——德国社会民主党右翼领袖之一。1903 年起参加社会民主党国会党团。1911 年当选为德国社会民主党执行委员会委员,1917—1918 年是执行委员会主席之一。第一次世界大战期间是社会沙文主义者。1918 年 10 月参加巴登亲王马克斯的君主制政府,任国务大臣。1918 年十一月革命期间参加所谓的人民代表委员会,借助旧军队镇压革命。1919 年 2—6 月任魏玛共和国联合政府总理。1933 年德国建立法西斯专政后流亡国外。——3、47、49、121。

责任编辑：孔　欢

装帧设计：肖　辉　周方亚

责任校对：杜凤侠

图书在版编目（CIP）数据

国家与革命/列宁著；中共中央马克思恩格斯列宁斯大林著作编译局编译. —北京：
　人民出版社,2020.4（2025.2 重印）
（列宁诞辰 150 周年纪念特辑）
ISBN 978－7－01－021949－3

Ⅰ.①国…　Ⅱ.①列…　②中…　Ⅲ.①列宁著作-单行本-1917　Ⅳ.①A225

中国版本图书馆 CIP 数据核字（2020）第 040748 号

| 书　　　名 | 国家与革命 |
| --- | --- |
| | GUOJIA YU GEMING |
| 编 译 者 | 中共中央马克思恩格斯列宁斯大林著作编译局 |
| 出版发行 | 人民出版社 |
| | （北京市东城区隆福寺街 99 号　邮编 100706） |
| 邮购电话 | （010）65250042　65289539 |
| 经　　销 | 新华书店 |
| 印　　刷 | 北京中科印刷有限公司 |
| 版　　次 | 2020 年 4 月第 1 版　2025 年 2 月北京第 6 次印刷 |
| 开　　本 | 787 毫米×1092 毫米 1/16 |
| 印　　张 | 12.5 |
| 插　　页 | 2 |
| 字　　数 | 151 千字 |
| 印　　数 | 45,001-55,000 册 |
| 书　　号 | ISBN 978－7－01－021949－3 |
| 定　　价 | 35.00 元 |